Die Generationen und ihre Wertehaltungen in der Polizei

Stephen Köppe • Birgit Wiese

Die Generationen und ihre Wertehaltungen in der Polizei

Verstehen, Gewinnen und Binden: Einstellungen und Sichtweisen im intergenerationalen polizeilichen Kontext

Stephen Köppe
Fachbereich 5 Polizei-und
Sicherheitsmanagement
Hochschule für Wirtschaft und Recht Berlin
Falkensee, Deutschland

Birgit Wiese
FB Sozial- und Bildungswissenschaften
Fachhochschule Potsdam
Berlin, Deutschland

ISBN 978-3-658-49633-3   ISBN 978-3-658-49634-0 (eBook)
https://doi.org/10.1007/978-3-658-49634-0

Die Deutsche Nationalbibliothek verzeichnet diese Publikation in der Deutschen Nationalbibliografie; detaillierte bibliografische Daten sind im Internet über https://portal.dnb.de abrufbar.

Springer Gabler ist ein Imprint der eingetragenen Gesellschaft Springer Fachmedien Wiesbaden GmbH und ist ein Teil von Springer Nature.
Die Anschrift der Gesellschaft ist: Abraham-Lincoln-Str. 46, 65189 Wiesbaden, Germany

Wenn Sie dieses Produkt entsorgen, geben Sie das Papier bitte zum Recycling.

Danksagung

Wie bedanken uns bei der Polizeipräsidentin von Berlin Frau Dr. Barbara Slowik Meisel für ihr Vertrauen und die daraus resultierende Möglichkeit, die hier vorliegende Forschung innerhalb der Polizei Berlin zu realisieren.

Inhaltsverzeichnis

Über die Autoren

Stephen Köppe ist langjährige Führungskraft bei der Polizei Berlin und Lehrkraft für besondere Aufgaben an der Hochschule für Wirtschaft und Recht (HWR) Berlin im Fachbereich 5 Polizei- und Sicherheitsmanagement. Er lehrt an unterschiedlichen (Polizei)-Hochschulen in Deutschland (u. a. in Berlin und Brandenburg, der Deutschen Hochschule der Polizei) in den Themenfeldern Führung- und Personalmanagement, Organisationsentwicklung, Projektmanagement sowie Einsatzmanagement. Er berät und begleitet die Polizei Berlin und die Polizei Brandenburg in ihren behördeninternen Werteentwicklungsprozessen als wissenschaftlicher Berater zu Fragen einer wertebasierten Organisationsentwicklung und Führung im Kontext des Generationenwandels. Darüber hinaus ist er Projektleiter des Werteentwicklungsprozesses „Gemeinsames Führungsverständnis" in der Polizeidirektion 2 (West) Berlin. Seine Forschungs- und Lehrschwerpunkte liegen in den Themenfeldern einer wertebasierten Organisationsentwicklung im Kontext des Generationen- und Wertewandels und den damit verbundenen Herausforderungen für Führung und Organisation. Er leitet bei der Gewerkschaft der Polizei (GdP Landesverband Berlin) das Projekt „Zukunftswerkstatt GdP Berlin". Hier begleitet er die GdP Berlin beratend zu Fragen der internen Organisationsentwicklung und der eigenen strategischen Ausrichtung in Zeiten des demografischen Wandels. In diesem Themenkontext promoviert er an der Universität Kassel.

Prof. Dr. Birgit Wiese ist ehemalige Polizeibeamtin der Polizei Berlin und Professorin für Sozialmanagement am Fachbereich Sozial- und Bildungswissenschaften an der Fachhochschule Potsdam. Sie war als Lehrbeauftragte für Führungslehre an den Polizeihochschulen in Berlin und Brandenburg tätig. Aktuell begleitet und berät sie die Polizei Berlin und Brandenburg im Themenfeld einer wertebasierten Organisationsentwicklung als wissenschaftliche Beraterin. Darüber hinaus begleitet sie als wissenschaftliche Beraterin das Werteentwicklungsprojekt „Gemeinsames Führungsverständnis" in der Polizeidirektion 2 (West) Berlin. Ihre Forschungs- und Lehrschwerpunkte sind im Bereich der systemischen Personal- und Organisationsentwicklung mit dem Fokus auf „Mitarbeitendenführung", „Burn-Out-Prävention", „Betriebliches Gesundheitsmanagement", „Generationenwandel" und „Strategisches Management" von Non-Profit-Organisationen und Gesundheitseinrichtungen angesiedelt. Daneben berät sie die

Gewerkschaft der Polizei (GdP Landesverband Berlin) im Rahmen des Projektes „Zukunftswerkstatt GdP Berlin" in der strategischen Ausrichtung von Polizeigewerkschaften in Zeiten des demografischen Wandels.

Abbildungsverzeichnis

1

Einleitung – Die Polizei im Generation- und Wertewandel

Der demografische Wandel und damit einhergehende Debatten um unterschiedliche Wertehaltungen sind im Polizeialltag angekommen. Die Generation Babyboomer geht bis 2035 in den Ruhestand und die Generationen X und Y übernehmen gerade deren Führungs- und Funktionsverantwortungen. In der Folge muss die Integration vieler neuer Mitarbeitenden in der polizeilichen Arbeitswelt mit unterschiedlichen Lebensläufen realisiert werden.[1]

Schon die Ankunft der Generation Y brachte einen deutlich spürbaren Wertewandel in den Polizeidienststellen mit sich. Work-Life-Balance, Sinnsuche in der beruflichen Tätigkeit, 30 bis 35 h Wochenarbeitszeit und weitere generationenspezifischen Werte der Gen Y veränderten die Organisation Polizei schon in vielerlei Hinsicht. Die Generation Z ist gerade dabei, nach Absolvierung von Ausbildung/Studium auf den unterschiedlichsten Dienststellen anzukommen. Mit ihnen kommt eine Generation in die Polizei, deren Wertehaltungen sich laut aktueller Studien teils deutlich von denen der drei Vorgängergenerationen abheben. Das führt einerseits zu Konflikten, andererseits erzeugt diese Werteviel-

---

[1] Vgl. Köppe (2024) S. 2.

falt neue Kompetenzen (z.B. im Umgang mit digitalen Medien), die im Rahmen von neu entstehenden Kompetenzclustern im Dienstalltag gezielt genutzt und in eine werteorientierte Organisationsentwicklung einfließen können. Um diesen Prozess gemeinsam und erfolgreich zu gestalten, sind positive Haltungen von Führungskräften und Mitarbeitenden wichtig. Es bedarf einer generationenübergreifenden Bereitschaft, sich an diesem Veränderungsprozess aktiv zu beteiligen. Hierzu ist es wichtig, zu analysieren und zu verstehen, wo generationale Konfliktlinien verlaufen, aber auch Verbindendes existiert. Dieser Dialog muss geführt werden, wenn sich die Polizei als eine lernende Organisation verstehen will.

Zuschreibungen zu den vier unterschiedlichen Generationen werden in der allgemeinen Generationenforschung teils kontrovers diskutiert. Dabei werden die Diskussionen allerdings oftmals sehr allgemein und manchmal auch „generationenpopulistisch" geführt. Dabei fehlt den Diskussionen allerdings eine valide Basis, um sie in den polizeilichen Kontext zu setzen. Grund hierfür ist, dass wissenschaftlich fundierte und damit evidenzbasierte Erkenntnisse zur Generationenforschung in der Polizei bisher nur rudimentär vorhanden sind. Viele Fragen in der polizeilichen Generationendebatte bleiben deshalb bis heute offen bzw. wurden bislang noch keiner wissenschaftlich fundierten Untersuchung unterzogen. Dazu gehören insbesondere folgende Fragestellungen: Gibt es messbare Unterschiede in den Wertehaltungen der unterschiedlichen Generationen in der Polizei und wie sehen diese aus? Welche Motivationen spielen für die unterschiedlichen Generationen eine entscheidende Rolle, den Polizeiberuf zu wählen? Welche Rolle spielt die „Generationendebatte" bei der Berufswahl von Polizeibediensteten? Welche berufsethischen Sichtweisen haben die unterschiedlichen Generationen auf den Polizeiberuf? Wie bilden sich intergenerationale Bindungsfaktoren im Polizeiberuf ab?

Vor diesem Hintergrund soll das vorliegende Fachbuch einen Teil dieser Fragestellungen aufgreifen und auf der Grundlage von empirischen Daten einen intergenerationalen Blick auf die Polizeiarbeit ermöglichen. Ziel ist es, der Organisation Polizei, ihren Führungskräften sowie Mitarbeitenden mehr Handlungssicherheit im Umgang mit den unterschiedlichsten Generationen in der polizeibehördlichen Arbeitswelt zu geben.

Grundlage für diese Zielstellung bildet eine behördenweite Umfrage in der Polizei Berlin, an der sich rund 4600 Mitarbeitende beteiligt haben. Die Umfrage zielte darauf ab, grundlegende Wertehaltungen in den Bereichen „Berufsmotivation", „Erwartungen an Führungskräfte" und „Haltungen zu berufsethischen Grundlagen" bei den Mitarbeitenden der Polizei Berlin zu erfassen. Nachfolgend werden die Ergebnisse der Umfrage unter dem Blickwinkel der vier unterschiedlichen Generationen vorgestellt, eingeordnet, bewertet und Handlungsempfehlungen gegeben. Insgesamt soll der Inhalt des Fachbuches einen Beitrag zu der Idee einer wertebasierten polizeilichen Organisationsentwicklung auf der Grundlage einer lernenden Organisation leisten.

2

Theoretische Vorüberlegungen

2.1 Das Generationenmodell[1]

Bereits in der Antike wurde über junge Generationen und deren Verhalten und Wertehaltungen diskutiert. Ein Beispiel hierfür liefert Aristoteles (384–322 v. Chr.), der wie folgt zitiert wird: „Ich habe überhaupt keine Hoffnung mehr in die Zukunft unseres Landes, wenn einmal unsere Jugend die Männer von morgen stellt. Unsere Jugend ist unerträglich, unverantwortlich und entsetzlich anzusehen". Wird sein Zitat mit den Zitaten der Gegenwart, insbesondere über die Gen Z verglichen, so wird deutlich, dass die jungen Generationen auch heute ähnliche Zuschreibungen erfahren. Diese werden auch von Menschen getätigt, die wie Aristoteles (einer) vorherigen Generation(en) entstammen. Um dieses Phänomen der gegenwärtigen Generationenzuschreibungen zu verstehen, ist es deshalb notwendig, sich mit dem Generationenbegriff auseinanderzusetzen.

---

[1] Die Ausführungen im Gliederungspunkt 2.1 beruhen, wenn nicht anders ausgewiesen, auf folgenden Quellen: Albert, M. / Quentzel, G. / de Moll, F. (2024); Einrahmhof-Florian, H. (2022); Klaffke, M. (2022); Hurrelmann, K./ Albrecht, E. (2020); Hurrelmann, K. /Quentzel, G. (2022); Maas, R. (2023); Mangelsdorf, M. (2019); Schlotter, L. / Hubert, P. (2020).

In der neueren Zeit wurde der Generationenbegriff 1925 von Karl Mannheim wieder aufgegriffen und in die Diskussion gegeben. Er definiert den Begriff „Generation" als einen Zeitabschnitt, in dem Menschen durch „gemeinsame Merkmale, die auf wirtschaftlich, kulturelle, soziale und ökologische Umstände zurückgehen" geprägt werden.

In den Folgejahren hat sich insbesondere die Soziologie eingehender mit der Definition des Begriffes „Generation" befasst. So beschreibt die soziologische Begriffsbestimmung „Generation" alle Menschen, die in einer Geburtsperiode zur Welt kamen, welche die gemeinsame Beeinflussung durch bestimmte, prägende gesellschaftlich/historische Ereignisse in Kindheit und Jugend teilen. Gemäß der Sozialisationstheorie wird in diesen frühen Lebensphasen bis ins junge Erwachsenenalter hinein ein elementares Grundmuster an Wertvorstellungen gebildet. Die daraus entstehende gemeinsame Generationenzugehörigkeit stiftet häufig ein Gefühl solidarischer Verbundenheit und stellt dadurch eine gewisse vertrauliche Kommunikationsbasis dar. Damit wird nicht ausgeschlossen, dass auch andere Einflussfaktoren wie z. B. Geschlecht, Aufwachsen im städtischen oder ländlichen Raum, sozioökonomischer Status usw. eine Person in der Kindheit und Jugend prägen kann.

Um die daraus entstehende Komplexität zu reduzieren und damit das Konstrukt „Generation" verstehbar und handhabbar zu machen, entwickelte der Soziologe Klaus Hurrelmann das sogenannte Kohortenmodell. Klaus Hurrelmann folgt dabei der Vorstellung, dass eine „Generation" durch fünfzehn aufeinander folgende Jahre geprägt wird (Alterskohorte). Historisch betrachtet ändern sich in diesem Zeitraum die Lebensbedingungen mit der Folge, dass sich unterschiedliche Herausforderungen für die jeweilige Alterskohorte ergeben, die in der Entwicklungszeit bewältigt werden müssen.

Diesem Konzept nachfolgend unterteilt er die Alterskohorten wie folgt:

- die Generation Babyboomer von 1955 bis 1970 (in der Studie vor 1971)
- die Generation X   von 1970 bis 1985 (in der Studie 1971 bis 1985)
- die Generation Y   von 1985 bis 2000 (in der Studie 1986 bis 1999)
- die Generation Z   von 2000 bis 2015 (in der Studie nach 1999)

„Boomer"	„X"	„Y"	„Z"
1955-1970	1970-1985	1985-2000	2000-2015

Abb. 2.1 Die Generationenkohorten nach Klaus Hurrelmann. (Eigene Darstellung)

Auch wenn hier zeitliche Abgrenzungen stattfinden, werden die zeitlichen Übergänge in diesem Modell als fließend betrachtet. Damit soll verdeutlicht werden, dass Werte nicht an der Zeitgrenze enden, sondern sich generationale Werte gerade zwischen den Übergängen verändern bzw. entwickeln (siehe Abb. 2.1).

Dabei ist es gerade heutzutage wichtig, die herrschenden Lebensbedingungen in der Zeit des Erwachsenwerdens und ihren Einfluss auf die Wertebildung genauer zu betrachten: Während die Generation Babyboomer in ihrer Jugend vor nicht einmal 50 Jahren mit einem immobilen Telefon (mit Wählscheibe) groß geworden ist, ist es heute für die Gen Z selbstverständlich, bereits im Kinderalter mit einem (eigenen) Smartphone (weltweit) zu kommunizieren und sich zu vernetzen. Das heißt, die Digitalisierung des Alltags, die ab der Jahrtausendwende mit großer Geschwindigkeit die Kommunikation, Lebensweise und Arbeit verändert hat, hat vor allen die Generationen Y und Z in ihrer Kinder- und Jugendzeit in ihren Wertehaltungen geprägt. Folge ist, dass diese Dynamik als ein wichtiger Treiber für intergenerationale Konflikte zwischen den vier Generationen, die sich gerade im Arbeitskontext befinden, gesehen werden muss. Das spiegelt sich auch in den Ergebnissen von unterschiedlichen Workshops wider, die von den beiden AutorInnen mit Führungskräften unterschiedlicher deutscher Landespolizeien durchgeführt wurden. Hier zeigte sich, dass insbesondere das Kommunikationsverhalten und der Umgang mit den neuen Medien bei den Generationen Y und Z durch die Gen Babyboomer und Gen X teils sehr kritisch gesehen werden.[2]

Es soll nicht verschwiegen werden, dass die hier beschriebene soziologische Generationenzuschreibung nicht unkritisch gesehen wird. Kritisiert wird in erster Linie die Kategorisierung der Generationen durch Zuschreibungen, die die Gefahr von Schubladendenken erzeugt. Dazu ist

---

[2] Vgl. Köppe/Wiese (2024), S. 256 ff.

anzumerken, dass diese Gefahr immer dort besteht, wo mit Modellen gearbeitet wird. In der Wissenschaft ist dies allerdings ein allgemein anerkanntes Verfahren, um eine Reflexions- und Überprüfungsmöglichkeit für Hypothesen zu schaffen und damit grundlegende Erkenntnisse zu generieren. Zudem ist die Arbeit mit Modellen in der praxiswissenschaftlichen Anwendung gut dazu geeignet, die Komplexität der Problemstellung verstehbar und handhabbar zu machen und damit die Entwicklung und den Einsatz von praktikablen sowie pragmatischen Methoden und Instrumenten für die Praxis zu ermöglichen.

Diese Einordnung folgt dem Gedanken, dass Wissenschaft nicht isoliert ist, sondern sich vielmehr auf eine pragmatische Kooperation mit der Praxis einlässt und sich hierbei auf eine unmittelbare, systematisch organisierte Verknüpfung von Wissenschaft und Praxis bezieht.[3]

2.2   Die Generationen und ihre Werte in der Arbeitswelt

2.2.1   Werte der Generation Babyboomer: „Leben um zu arbeiten!"

Als Generation Babyboomer werden die geburtenstarken Jahrgänge nach dem Zweiten Weltkrieg bezeichnet. Dazu gehören die Jahrgänge 1955–1969, wie aber bereits erwähnt, sind die Übergänge zwischen zwei Generationen fließend. Nachdem der 2. Weltkrieg beendet und die Schäden, die er hinterlassen hatte, langsam beseitigt wurden, stieg die Geburtenrate langsam wieder an. Mit dem „Wirtschaftswunder" der 50er und 60er erreichte der Wohlstand nach dem 2. Weltkrieg vor allem in den Industrienationen einen hohen Stand. Dieser erzeugte bei den Menschen einen starken Optimismus, der sich schließlich in einer hohen Geburtenrate widerspiegelte. Diese endete allerdings 1968 mit der allgemeinen Einführung der Pille als Verhütungsmittel, die zwischen 1964 und 1968 nur Frauen mit einer medizinischen Diagnose verschrieben wurde. In der Folge sank die Geburtenrate erheblich.

---

[3] Vgl. Bolte (1971), S. 364.

Diese Generation ist gerade in den Führungsebenen vertreten und verlässt jetzt nach und nach den Arbeitsmarkt in Richtung Ruhestand, wovon auch die Polizei stark betroffen ist.

Allgemeine Werte
* Selbstständigkeit, Durchsetzungsfähigkeit, Leistungsbereitschaft & Fleiß, Loyalität und Idealismus als kennzeichnende Werte.
* Vertreten eher traditionelle Werte.
* Geld und Ansehen stellten hohen Anreiz dar (Status).
* Arbeit zur Existenzsicherung.

Werte im Arbeitskontext
* Konkurrenzdenken prägte schon früh ihren Alltag.
* Weisen eine hohe Sozialkompetenz und Teamfähigkeit auf.
* Wegen ihrer hohen Einsatzbereitschaft, Arbeitsmoral und Loyalität sehr beliebt auf dem Arbeitsmarkt und in den Führungsetagen.
* Arbeiten am liebsten mit Angehörigen ihrer Generation zusammen.

Führung
* Hierarchisch orientiert: Hierarchie hat ihren Sinn, wird in der Regel akzeptiert.
* Erwarten klare Anweisungen.
* Anordnungen werden selten hinterfragt.
* Status wird unbedingt verteidigt.
* Sind Autoritären Führungsstil gewohnt.

2.2.2 Werte der Generation X: „Arbeiten, um zu leben!"

Zu der Generation X werden Angehörige der Geburtenjahrgänge 1970 bis 1985 gezählt. Ihren Namen hat die Generation von dem gleichnamigen Buch von Douglas Coupland erhalten, der in seinem Episodenroman von 1991 versucht, das Lebensgefühl dieser Generation festzuhalten. Die Generation X wird auch als „Sandwich-Generation" bezeichnet, weil sie zwischen den Babyboomern und der Generation Y liegt und aufgrund des „Pillenknicks"[4] (ab 1969) eine deutlich geringere Geburtenrate aufweist als die Vorgängergeneration der Babyboomer.

Der Eintritt und die Etablierung in der Arbeitswelt war für diese Generation mit großen Schwierigkeiten verbunden. Die Ursache hierfür setzte die Vorgängergeneration der Babyboomer, die aufgrund ihrer guten Ausbildung und hohen Anzahl stark in Wirtschaftsunternehmen und auch in Regierungsorganisationen, wie z. B. der Polizei, vertreten waren. Hinzu kam, dass der Arbeitsmarkt in den 2000er-Jahren aufgrund wirtschaftlicher Krisen (Folgen des Kollapses des Neuen Marktes 2000 und Finanzkrise 2008) stagnierte und die Gen X zur „Generation Praktikum" avancierte. Die Generation X wurde so zur ersten Generation, die nach dem 2. Weltkrieg zu spüren bekam, dass die wirtschaftlich starken Zeiten mit hohen Wachstumsraten an ihr Ende gekommen sind. Bedingt durch den demografischen Wandel, der ab 2010 langsam spürbar wurde, sind sie zwar spät, aber dennoch im Arbeitsmarkt und in den Führungsebenen u. a. bei der Polizei angekommen.

Allgemeine Werte
- Gesellschaftlicher Wandel: Traditionelle Lebensformen werden aufgebrochen.
- Getrieben durch die verstärkte Möglichkeit der Individualisierung entstehen neue Entfaltungsmöglichkeiten.
- Beide Elternteile arbeiten, hohe Scheidungsquote, alleinerziehende Elternteile und Patchworkfamilien.
- Neue gesellschaftliche Fragen werden gestellt: Vereinbarkeit von Familie und Beruf (Work-Life-Balance).
- Prägung der Generation durch politische und ökonomische Krisen, dadurch wenig Vertrauen in Politik und Institutionen.

---

[4] Der Begriff **„Pillenknick"** beschreibt einen plötzlichen und deutlichen Rückgang der Geburtenrate in Westdeutschland ab Mitte der 1960er-Jahre. Der Name leitet sich von der **Antibabypille** ab, die in dieser Zeit zunehmend verfügbar und gesellschaftlich akzeptiert wurde.

Werte im Arbeitskontext

- Sandwichgeneration: wichtige Positionen von Babyboomern besetzt, von unten drängen Y-er nach.
- Folge: Chancen auf dem Arbeitsmarkt stagnieren, dennoch entstehen beachtliche Karrieren, insbesondere im digitalen Bereich (eBay, Amazon etc.).
- Einzug von Computertechnik ins Arbeitsleben.
- Leben eigenständiger und unabhängiger von Autoritäten, sagen offen ihre Meinung.
- Arbeit nicht nur wegen Geld, sondern wegen Bestätigung und Entfaltungsmöglichkeiten.
- Fokus auf eigene Vorstellungen und Bedürfnisse.

Führung

- Hinterfragen Autoritäten.
- Autoritäten werden nur anerkannt, wenn diese kompetenter sind.
- Anordnungen werden nicht einfach hingenommen, sondern kritisch hinterfragt.
- Wollen Transparenz und Mitbestimmung.
- Bevorzugen den kooperativen Führungsstil.
- Rücken momentan auf die vorderen Führungspositionen auf

2.2.3 Werte der Generation Y: „Erst leben, dann arbeiten!"

Die Generation Y wurde im Zeitraum zwischen 1985 bis 1999 geboren. Den Namen trägt diese Generation hauptsächlich, weil sie die Nachfolgegeneration der Generation X ist. Passenderweise heißt das Y im Englischen „why", was die kritische und hinterfragende Grundhaltung der Y-er sehr gut widerspiegelt. Die Generation Y wächst in einer Zeit voller Krisen (u. a. Finanzkrise 2008), Umweltkatastrophen und Terror (u. a. 9/11) auf.

Aufgrund des demografischen Wandels hat(te) diese Generation keine Probleme, am Arbeitsmarkt anzukommen und ist mittlerweile gut in Wirtschaftsunternehmen und Regierungsorganisationen integriert. Bei der Polizei bekleiden sie sowohl im gehobenen als auch mittlerweile im höheren Dienst Führungspositionen.

Allgemeine Werte
- Häufig Einzelkinder, von Eltern und Großeltern zumeist verwöhnt und sehr behütet aufgezogen. „Helikoptereltern".
- Wie keine Generation davor bestärkt und gelobt. Haben daher ein starkes Selbstbewusstsein, sind sehr individualistisch.
- Allgemein geltende Regeln, gesetzliche Vorgaben werden als weniger bindend angesehen. Alles ist verhandelbar und unterschiedlich interpretierbar.
- Große Offenheit z. B. in Glaubens-, Haltungs- und Einstellungsfragen.
- Gleichzeitig aber orientierungslos wegen der Vielfalt der gebotenen Entfaltungschancen.

Werte im Arbeitskontext
- Äußerst technikaffin, gelten als flexibel und anpassungsfähig.
- Wollen flexible Arbeitsbedingungen, schöpferische Freiräume und eher informell arbeiten.
- Arbeiten ungern in steifen Hierarchien und innerhalb starrer Bürozeiten.
- Entfernen sich von der bruchlosen Berufslaufbahn, zeigen sich äußerst wechselbereit.
- Sinn der beruflichen Tätigkeit: eigene Selbstverwirklichung, Work-Life-Balance und dauerhafte Suche nach neuen Herausforderungen.

Führung
- Hohe Werte haben offene Kommunikation, Transparenz, Mitbestimmung und Sinngehalt einer Tätigkeit.
- Wollen sich einbringen und herausgefordert werden.
- Wollen gute Arbeitsatmosphäre und ein funktionierendes Team.
- Autoritäten müssen sich beweisen, um akzeptiert zu werden. Derjenige, der die meiste Ahnung hat, sollte „den Hut aufhaben".
- Anordnungen werden grundsätzlich hinterfragt und nicht einfach ausgeführt.
- Erwarten viel Aufmerksamkeit vom Vorgesetzten.
- Kooperativer/laissez-Fairer Führungsstil[5] wird erwartet.

---

[5] Lockerer Führungsstil, bei dem den Mitarbeitenden große Handlungsspielräume eingeräumt werden.

2.2.4 Generation Z: „Arbeit ist Teil des Lebens!"

Die Generation Z (geboren zwischen 2000 und 2015) wird auch als Generation YouTube oder als „Digital Natives" bezeichnet. Sie gilt als die erste Generation, die die Digitalisierung des Alltags mit der Nutzung von Internetplattformen und sozialen Medien fest in ihr Leben integriert hat. Als Kinder haben einige von ihnen die ab 2007 beginnende Weltwirtschafts-/Finanzkrise einschließlich deren Folgen miterlebt. Als nächste Krise folgte für den Großteil im Jugend- oder jungen Erwachsenenalter die Corona-Pandemie Anfang 2020, die sehr prägend für diese Generation ist.

Sie integrieren sich jetzt in den Arbeitsmarkt. Bei der Polizei sind sie bereits auf den Dienststellen angekommen (mittlerer und gehobener Dienst). In einer Führungsposition sind sie noch nicht anzutreffen, die ersten sollten aber zeitnah in Nachwuchsführungskräfteprogramme aufgenommen werden.

Allgemeine Werte
- Weltbild der „Gen Z" geprägt von Fernsehen, Internet, Smartphone & Co.
- Sind jederzeit und an jedem Ort digital erreichbar. Dadurch nahtlose Verschmelzung von Arbeit/Privatleben.
- Wollen diese Entgrenzung nicht, sondern Trennung. Heimarbeitsplätze sind deshalb eher keine Option.
- Wünschen eine solide Ausbildung, einen sicheren Job.
- Knüpfen wieder an traditionelle Werte an.
- Hohe Erwartungen an das Leben außerhalb der Arbeitswelt.
- Sie lieben die Unverbindlichkeit.
- Suchen nach dem eigenen Antrieb fürs Berufsleben.

Werte im Arbeitskontext
- Hohe Anforderungen an den Beruf, der ihnen Sinn stiften sollte, möchten sich persönlich entfalten und weiterentwickeln.
- Wünschen sich einen sicheren Arbeitsplatz, der sie gleichzeitig erfüllt und Spaß macht.

- Sie sind gleichzeitig aber flexibel und anpassungsbereit, umgekehrt fordert sie diese Bereitschaft von Arbeitgebenden. Der Arbeitsplatz soll sich an ihr individuelles Leben anpassen.
- Aussagen der aktuellen 19. Shell Jugendstudie von 2024 (12–25 J.):[6]

  – Junge Männer wünschen sich zunehmend, in Teilzeit arbeiten zu können, wenn sie Kinder haben: Eine 30-Stunden-Woche eines Vaters finden viele attraktiver als eine Vollzeitstelle – darin sind sich junge Männer (42 %) und Frauen (41 %) einig
  – Für 91 % ist ein sicherer Arbeitsplatz wichtig
  – Für 83 % ist ein hohes Einkommen wichtig
  – 80 % wünschen sich gute Aufstiegsmöglichkeiten
  – 85 % wünschen sich genügend Freizeit neben der Berufstätigkeit (Work-Life-Balance als hoher Wert)
  – 90 % – Partner, Familie und Freunde dürfen nicht zu kurz kommen; stabile soziale Beziehungen im persönlichen Nahbereich sind sehr wichtig.
  – Mehr als 40 % lehnen „Gendern" ab, gut 20 % sind dafür, mehr als jeder Dritte sagt: „Ist mir egal".[7]
  – Junge Frauen vertreten häufiger postmaterialistische Werte als junge Männer, etwa bei Feminismus oder Gendern. Ein großer Teil, männlich wie auch weiblich, hält die sogenannten Wokeness – Themen (Sexismus, Rassismus etc.) nicht für dringlich.[8]

Führung
- Sie bevorzugen einen Führungsstil auf „Augenhöhe".[9]
- Wollen „an die Hand genommen" und „geführt" werden; „liebevolle Strenge".

---

[6]Vgl. Albert, M. /Quentzel, G. / de Moll, F. (2024).

[7]Es besteht die Annahme, dass diese Sichtweise entstanden ist, weil diese Generation mit diesen Werten groß geworden ist und diese daher als selbstverständlich und nicht mehr diskussionswürdig erachtet.

[8]Vgl. Albert, M. /Quentzel, G. / de Moll, F. (2024).

[9]Vgl. Köppe (2025) https://www.hwr-berlin.de/hwr-berlin/fachbereiche-und-bps/fb-5-polizei-und-sicherheitsmanagement/neuigkeit/detail/4597-wertewandel-in-behoerden-und-bei-der-polizei.

- Erwarten eine wertschätzende Kommunikation, die „Nähe" und eine gute Arbeitsatmosphäre im Team schafft.
- Führung, die Orientierung und eine klare Struktur vorgibt, wird bevorzugt.
- Gleichzeitig hohe Anforderungen an Beteiligung, Transparenz und Kommunikation.[10]

---

[10] Ebenda.

3

Das Berufswahlmodell von Holland

Als Bewertungsgrundlage für die Ergebnisse der Quantitativen Untersuchung von Teil A der Mitarbeitendenbefragung in der Polizei Berlin (Kap. 5) wird auf das RIASIC-Berufsmodell von Holland – auch Holland-Modell genannt – zurückgegriffen. Mit über 500 internationalen Publikationen kann das Berufswahlmodell von Holland als das am intensivsten untersuchte und genutzte Berufswahlmodell betrachtet werden. Es wurde in vielen Studien validiert und kann daher als wissenschaftlich fundiert angesehen werden.

Hollands Theorie beruht auf der Annahme, dass in der westlichen Kultur die meisten Menschen einem von sechs Persönlichkeitstypen realistisch, forschend, künstlerisch, sozial, unternehmerisch oder konventionell zugeordnet werden können.[1] In der englischen Sprache werden diese mit realistic, investigative, artistic, social, enterprising und conventional übersetzt. Dadurch ergibt sich das gebräuchliche Akronym RIA-

---

vgl. Holland (1996/1997).

---

[1] Vgl. Holland (1997).

© Der/die Autor(en), exklusiv lizenziert an Springer Fachmedien Wiesbaden GmbH, ein Teil von Springer Nature 2025
S. Köppe, B. Wiese, *Die Generationen und ihre Wertehaltungen in der Polizei*,
https://doi.org/10.1007/978-3-658-49634-0_3

SEC. Hinter jedem Buchstaben verbirgt sich die Beschreibung eines Persönlichkeitstypus.[2] Er geht dabei von der Annahme aus, dass die von ihm beschriebenen Persönlichkeitstypen in die entsprechenden Umwelten streben, z. B. strebt der soziale Persönlichkeitstyp in eine soziale Umwelt, der künstlerische in eine künstlerische usw.[3] Diese Annahme kann mit dem Sprichwort: „Gleich und gleich gesellt sich gern" gut beschrieben werden. Insgesamt geht er davon aus, dass die Kenntnis des Persönlichkeitstypus Prognosen über Berufswahl, -wechsel; -erfolg usw. zulässt.[4]

Aus den sechs benannten Umwelten hat Holland sechs Interessenstypen entwickelt, die sich wie folgt darstellen:

Realistic (R): Menschen mit handwerklich-technischen Interessen sind gekennzeichnet durch eine Vorliebe für Tätigkeiten, die Kraft, Koordination und Handgeschick erfordern und zu konkreten, sichtbaren Ergebnissen führen. Sie wählen häufig Studiengänge und Berufe im technischen, mechanischen und anwendungsorientierten Bereich.

Investigative (I): Menschen mit untersuchend-forschenden Interessen sind gekennzeichnet durch eine Vorliebe für Tätigkeiten, die logisches Denken oder systematische Beobachtung und Analyse erfordern. Personen mit einem hohen forschenden Interesse sind häufig in naturwissenschaftlichen Studiengängen sowie im Bereich der Forschung und Entwicklung zu finden.

Artistic (A): Menschen mit künstlerisch-sprachlichen Interessen sind gekennzeichnet durch eine Vorliebe für offene, unstrukturierte Tätigkeiten, die eine künstlerische und/oder sprachliche Selbstdarstellung oder die Schöpfung kreativer Produkte beinhalten. Sie wählen verstärkt Studiengänge und Berufe im Bereich Bildende und darstellende Kunst, Musik und Literatur.

Social (S): Menschen mit sozialen Interessen sind gekennzeichnet durch eine Vorliebe für Tätigkeiten, bei denen die Pflege zwischenmenschlicher Beziehungen und die Unterstützung anderer Menschen im

---

[2] Ebenda.
[3] Ebenda.
[4] Ebenda.

Vordergrund stehen. Sie entscheiden sich häufig für Studiengänge und Berufe im Gesundheits-, Pflege- und Erziehungsbereich.

Enterprising (E): Menschen mit unternehmerischen Interessen sind gekennzeichnet durch eine Vorliebe für Tätigkeiten, die darauf abzielen, andere Menschen im Sinne eigener wirtschaftlicher und/oder politischer Ziele zu überzeugen, zu beeinflussen oder zu führen. Sie wählen vermehrt Studiengänge und Berufe im Bereich der Wirtschaftswissenschaften, streben Führungspositionen an oder gründen eigene Unternehmen.

Conventional (C): Menschen mit ordnend-verwaltenden Interessen sind gekennzeichnet durch eine Vorliebe für Tätigkeiten, die eine Strukturierung und sorgfältige, regelgeleitete Bearbeitung von Informationen und/oder Aufgaben erfordern. Sie entscheiden sich häufig für Studiengänge und Berufe im Bereich der Polizei oder Verwaltung.

Wird ein Test nach dem Holland-Modell absolviert, zeigt sich das Ergebnis als Buchstabencode, der entsprechend den Fähigkeiten und Neigungen aus einer Reihung der Anfangsbuchstaben der 6 Typen besteht. Dabei steht der 1. Buchstabe für die stärkste Ausprägung. Der 2. und 3. Buchstabe zeigen, welche anderen Fähigkeiten und Neigungen neben der 1. Ausprägung der Persönlichkeit die Berufswahl beeinflussen. Der daraus entstehende Buchstabencode zeigt schließlich auf, für welche Berufe bzw. Berufsfelder die getestete Person besonders geeignet ist.[5]

Grundsätzlich geht Holland in seinem Modell davon aus, dass Menschen, die in einer Behörde arbeiten, ein ordnend-verwaltendes Interesse besitzen und dadurch eine Vorliebe für Tätigkeiten haben, die eine Strukturierung und sorgfältige, regelgeleitete Bearbeitung von Informationen und/oder Aufgaben erfordern.

---

[5] Vgl. Holland 1997, S. 34 ff.

3.1   Einordnung in den polizeilichen Kontext

Durch zahlreiche u. a. von Holland durchgeführte Studien konnten folgende Kombinationen und Zuordnungen festgestellt werden, die sich besonders für eine Tätigkeit bei der Polizei eignen:[6]

- **CES** (Conventional/Enterprising/Social) = **Schutzpolizei mittlerer/ gehobener Dienst**

  Mischung aus dem Bedürfnis, andere Menschen anleiten zu wollen – im Sinne von Anleitung des polizeilichen Gegenübers oder Mitarbeitende (Enterprising) – und dem Motiv „Menschen helfen zu wollen" (Bedürfnis, im Kontakt mit anderen Menschen stehen zu wollen = Social)

- **CRS** (Conventional/Realistic/Social) = **Schutzpolizei mittlerer Dienst**

  Mischung aus dem Bedürfnis, eine Arbeit mit konkreten Ergebnissen haben zu wollen (Realistic) und dem Motiv „Menschen helfen zu wollen" (Bedürfnis, im Kontakt mit anderen Menschen stehen zu wollen = Social)

- **CSE** (Conventional/Social/Enterprising) = **Schutzpolizei gehobener Dienst**
  Wie beim CES, nur mit unterschiedlichen Schwerpunkten: hier Schwerpunkt (S) und dann (E).
- **CIS** (Conventional/Investigative/Social) = **Kriminalpolizei**

  Mischung aus dem Bedürfnis, forschend und analytisch tätig zu sein (I) und dem Motiv, „Menschen helfen zu wollen" (Bedürfnis, im Kontakt mit anderen Menschen stehen zu wollen = Social)

- **CSE** (Conventional/Social/Enterprising) = **Verwaltungsangestellte/r**
  Siehe CSE Schutzpolizei.
- **CES** (Conventional/Enterprising/Social) = **Verwaltungsjurist/-in**
  Siehe CES Schutzpolizei.

---

[6]Vgl. Bundesagentur für Arbeit o.J./o.S.: Berufscode nach John Holland; Berufsfelder mit starker C-Ausprägung.

Die Buchstabenkombinationen zeigen, dass in der Polizeibehörde im Schwerpunkt Menschen mit einem Fokus auf Conventional und Social arbeiten sollten. Vor diesem Hintergrund enthalten die 14 gestellten Fragen in Teil A zur Motivation, in der Polizeibehörde zu arbeiten, „Marker", d. h. typische Aussagen, die eine Bewertung zulassen, ob die Teilnehmenden der Umfrage deutliche ausgeprägte Merkmale der o.a. Buchstabenkombinationen im Antwortverhalten zeigen.

Um die Frage zu beantworten, ob es innerhalb der vier gerade im Polizeidienst befindlichen Generationen merkliche Unterschiede gibt, wurden die Umfrageergebnisse mit der Generationenzugehörigkeit korreliert. Das Ergebnis soll zeigen, ob es Übereinstimmungen in der Motivation gibt, einer Tätigkeit in der Polizeibehörde nachzugehen, und wenn ja, welche diese sind.

4

Commitment und Mitarbeitendenbindung nach Wolf

4.1 Zum Begriff der Personal- und Mitarbeitendenbindung

Der Begriff der Personalbindung greift die Sichtweise des Arbeitgebers auf und umfasst alle notwendigen Maßnahmen und Instrumente, die geeignet sind, das Personal an die Organisation zu binden und Austrittsentscheidungen zu verhindern. Außerdem zielt die Personalbindung auf die Erhaltung von Engagement und Kompetenzen der Mitarbeitenden ab und trägt so zur Realisierung der Organisationsziele bei.[1]

Der Begriff Mitarbeitendenbindung beschreibt die Verbundenheit, Zugehörigkeit und Identifikation der Mitarbeitenden mit ihrem Unternehmen.[2] Die Bindung der Mitarbeitenden wird dabei von ihrer Arbeitszufriedenheit, der sozialen Identifikation mit der beruflichen Rolle sowie dem Commitment bestimmt. Unter Commitment wird die Verbundenheit mit dem Arbeitgebenden verstanden.[3]

---

[1] Vgl. Hays AG (2023) S. 8 ff.
[2] Vgl. ebenda.
[3] Vgl. Kanning (2017) S. 192.

Studien zeigen, dass Mitarbeitende, die eine starke Bindung an das Unternehmen haben, sich mehr engagieren und eine höhere Leistung erbringen. Außerdem fehlen sie seltener und wechseln seltener den Arbeitgeber.[4] Ziel der Verbesserung der Personalbindung ist also einerseits die Erhöhung der Bleibebereitschaft der Mitarbeitenden und andererseits eine Steigerung des Engagements und der Leistungsbereitschaft.

Kanning geht davon aus, dass die Bindung der Mitarbeitenden auf drei psychologischen Faktoren beruht: der Arbeitszufriedenheit, der sozialen Identifikation und der Verbundenheit mit dem Unternehmen. Diese drei Faktoren werden auch als Commitment bezeichnet. Sie werden beeinflusst durch die individuelle Lebenssituation des Mitarbeitenden, seiner/ihrer Persönlichkeit, die konkreten Arbeitsbedingungen sowie dem Arbeitsmarkt.[5]

Dabei spielt auch das **organisationale Commitment** eine wichtige Rolle, das eine Identifikation mit den Werten und Zielen der Organisation ermöglicht und eine entscheidende Rolle für den Wunsch, weiter in der Organisation tätig zu sein, spielt. Kommt es zu Veränderungen der Arbeitsrahmenbedingungen, dazu zählt auch, dass sich die Wertvorstellungen der jetzigen und zukünftigen Mitarbeitenden ändern, so kann dies auch zu Veränderungen bei den Bindungsausprägungen der Mitarbeitenden führen.[6]

Der Begriff des Commitments findet seine Vertiefung u. a. in der Beschreibung der „vier Komponenten der Mitarbeitendenbindung von Wolf", die den Hintergrund zur Bewertung der Ergebnisse des Teiles C bilden sollen. Personalbindung und somit Leistungsbereitschaft, Identifikation und Gebundenheit findet auf rationalen und nicht-rationalen Ebenen statt. Sie ist ein Ergebnis von Prozessen und wird durch verschiedene Faktoren beeinflusst. Diese lassen sich den Ebenen rationaler, behavioraler (Verhaltensorientiert), normativer und emotionaler Mitarbeiterbindung zuordnen.[7] In den folgenden Ausführungen sollen die

---

[4] Vgl. Klaiber (2015) S. 29 ff.
[5] Vgl Kanning (2017) S. 192.
[6] Vgl. DGFP (2014) S. 13 ff.
[7] Vgl. Wolf (2018) S. 75.

verschiedenen Aspekte der Mitarbeiterbindung basierend auf Wolfs Arbeit betrachtet werden.

4.2 Die vier Komponenten der Mitarbeitendenbindung nach Wolf

(1) Mitarbeitendenbindung auf der rationalen Ebene

Die Ebene der rationalen Personalbindung umfasst eine an Zweck und Zielen ausgerichtete Verbundenheit und wird auch als kalkulatorisches Commitment des Arbeitnehmenden verstanden. In dieser Zweckgemeinschaft von Organisation und Mitarbeitenden ist das Kosten-Nutzen-Verhältnis entscheidend. Kosten eines eventuellen Wechsels oder auch Verbleibs werden gegen den jeweiligen Nutzen einer anderen Option abgewogen. Mitarbeitende entscheiden auf der rationalen Ebene immer zu ihrem Vorteil.[8]

Eine Fokussierung auf die rationale Personalbindung sowohl seitens der Mitarbeitenden als auch der Organisationen zeigt negative Auswirkungen auf das Verbleiben. Eine hohe Fluktuation ist die Folge – „Wer wegen Geld kommt, geht auch wegen Geld!"[9] Die Personalbindung auf Basis einer Kosten-Nutzen-Kalkulation schafft keine wirkliche Verbundenheit und führt deshalb für Organisationen zu hohen finanziellen Aufwendungen für die Personalerhaltung.

(2) Mitarbeitendenbindung auf der behavioralen Ebene

Eine der nicht-rationalen Ebenen der Personalbindung ist die behaviorale (verhaltensorientierte) Mitarbeitendenbindung. Motivationsfaktoren dieser Ebene liegen in dem Menschen innewohnenden **Gefühl von Behaglichkeit in der „Beibehaltung bestehender Gewohnheiten" und umfassen „lieb gewonnene" Traditionen des Arbeitsalltages**. Mitarbeitende können sich mit Handlungen in Organisationen identifizieren

---

[8] Vgl. DGFP (2014) S. 21 ff.
[9] Wolf (2018) S. 71.

und wollen vertraute Verhaltensweisen, auch entgegen rationalen Gründen, fortsetzen.

(3) Mitarbeitendenbindung auf der normativen Ebene

Die **normative Personalbindung basiert auf Normen und Werten,** sowohl des Einzelnen als **auch der Gesellschaft.** So können gesellschaftliche Normen wie ein Pflichtbewusstsein gegenüber der arbeitgebenden Organisation ebenso Bindungsfaktoren sein, wie individuelle ethisch moralische Wertvorstellungen.[10] Für Mitarbeitende stellt das Gefühl von Verantwortung gegenüber innerbetrieblichen (z. B. KollegInnen) als auch außerbetrieblichen Personen (z. B. BürgerInnen) eine Selbstverpflichtung zum Verbleiben in der Organisation dar. Gleichzeitig besteht die Erwartungshaltung der Verbindlichkeit gemeinsamer Werte und Normen auch gegenüber der Organisation. „Sie beruht auf empfundener Gegenseitigkeit".[11]

Daraus folgt: Damit eine normative Bindung wirken kann, muss die Mitarbeitendenbindung grundsätzlich ein Bestandteil der Unternehmenskultur sein.[12] Das heißt, es muss gezielt eine Unternehmenskultur aufgebaut, erhalten oder gestärkt werden, die das Bedürfnis nach einer Verbindlichkeit gemeinsamer Werte und Normen erfüllt.

(4) Mitarbeitendenbindung auf affektiver bzw. emotionaler Ebene

Die dritte nicht-rationale Ebene ist die der emotionalen Mitarbeitendenbindung. Sie wird auch als affektives Commitment bezeichnet. Mitarbeitende setzen sich mit den bestehenden organisationalen Strukturen, Werten und Zielen sowohl geistig als auch emotional auseinander und können sich mit diesen identifizieren. Der hohe Grad an Übereinstimmung führt zu einer „hoch positiv emotionalen Bindung",[13] welche zu einer großen Einsatzbereitschaft der Personen führt, die in dieser Organisation tätig sind.

---

[10] Vgl. DGFP (2014) S. 21.
[11] Wolf (2018) S. 85.
[12] Vgl. Wolf (2018) S. 84 ff.
[13] Wolf (2018) S. 89.

Wolf bezeichnet die emotionale Personalbindung als stärkste Wirkkraft für den Verbleib und die Leistungsbereitschaft von Mitarbeitenden. Bestätigt wird diese Aussage durch eine aktuelle Studie der Hays AG (2023), die zeigt, dass für 49 % der Arbeitnehmenden die emotionale Verbundenheit über Verbleib oder Verlassen der Organisation entscheidet.[14] Vor diesem Hintergrund ermöglichen das Teilen gleicher Werte sowie gleicher Ziele dauerhaft einen gemeinsamen Weg zu gehen. Damit das gelingen kann, müssen die Werte inhaltlich gleich verstanden und beiderseitig gelebt und erlebt werden.[15]

---

[14] Hays AG (2023) S. 27.
[15] Vgl. Wolf (2018) S. 88 ff.

5

Quantitative Untersuchung – Mitarbeitendenumfrage in der Polizei Berlin

5.1 Forschungsdesign und statistische Daten

Die Umfrage zielte einerseits auf die Ermittlung von Wertehaltungen unter den Mitarbeitenden der Polizei Berlin ab. Andererseits sollte sie als Prozessbaustein des initiierten Werteprozesses (Top-Down-Ansatz) den Mitarbeitenden der Polizei Berlin die Möglichkeit einer wirksamen bidirektionalen Organisationsentwicklung und lebendigen Auseinandersetzung über Wertehaltungen in der Polizei Berlin eröffnen.

Im allgemeinen Teil der Umfrage wurden soziodemografische Daten erhoben. Das Hauptziel der Befragung war es, bestehende Wertehaltungen in der Polizei Berlin zu erfassen und diese vor dem Hintergrund unterschiedlicher Faktoren zu reflektieren. Den Schwerpunkt der Auswertung bildet dabei die Analyse generationenspezifischer Wertehaltungen.

Inhaltlich orientierten sich die Aussagen an den fünf Bereichen

- Generationenwandel,
- Commitment (Personalbindungsfaktoren),
- Resilienz,

- Berufsethik und
- Miteinander.

Um den Teilnehmenden eine klar nachvollziehbare und übersichtliche Struktur zu bieten, wurde die Umfrage in drei Teile (A. Commitment/B. Kommunikation und Kooperation/C. Berufsethik) gegliedert.

Die Befragungsmethodik von Teil B unterscheidet sich dabei fundamental von der Methodik, die in den Teilen A und C angewendet wurden. Während hier mit einer Likert Skala von 1 bis 6 gearbeitet wurde, sollte in Teil B ein Ranking der vorgegebenen Aussagen erstellt werden. Die Teilnehmenden der Umfrage konnten aus 17 Aussagen die für sie fünf Wichtigsten auswählen.

In den Teilen A und C hatten die Teilnehmenden die Möglichkeit, entlang einer sechsstufigen Likert-Skala anzugeben, wie wichtig ihnen der Inhalt einer Aussage ist:

1 – trifft voll und ganz zu
2 – trifft überwiegend zu
3 – trifft eher zu
4 – trifft eher nicht zu
5 – trifft überwiegend nicht zu
6 – trifft gar nicht zu

Bei der Auswertung wurden die Aussagen 1 bis 3 als Zustimmung und 4 bis 6 als Ablehnung gewertet.

Die Auswertung der Teile A und C fanden vor dem Hintergrund des Generationenmodells, des Berufswahlmodells nach Holland und dem theoretischen Hintergrund der vier Ebenen der Personalbindung nach Wolf (Rationale Bindung/Emotionale Bindung/Normative Bindung/Verhaltensorientierten Bindung) statt. In Teil A sollte im Schwerpunkt die Frage beantwortet werden, ob das Antwortverhalten eher die Wertehaltungen der jeweiligen Generation widerspiegelt oder ob der Ansatz der Berufswahltheorie von Holland, dass jeder Mensch in ein berufliches Umfeld strebt, das seinen Neigungen und Fähigkeiten entspricht, das Hauptmotiv für eine berufliche Tätigkeit in der Polizeibehörde darstellt. Im Teil C sollte im Schwerpunkt die Frage geklärt werden, welche der vier Ebenen der Personalbindung nach Wolf tendenziell bei der Polizei Berlin überwiegen. Die Befragung dauerte 10 min und war damit gut in den täglichen Dienst integrierbar. Ein Pre-Test wurde durchgeführt. Anschließend wurden unklare Formulierungen sprachlich angepasst. Nach Ablauf des Umfragezeitraumes, wurden die Ergebnisse mithilfe der Statistik- und Analysesoftware „SPSS Statistics" der Firma IBM ausgewertet. Mit Hilfe des Programmes war es möglich, entsprechend der Fragestellungen Korrelationsanalysen vorzunehmen.

Statistische Daten: Wer hat an der Befragung teilgenommen?
Wie aus der Grafik zu entnehmen ist, haben 4594 und damit ~17 % der Mitarbeitenden der Polizei Berlin an der Umfrage teilgenommen (siehe Abb. 5.1). Es zeigt sich folgende Verteilung: Frauen (absolut 1688); Männer (absolut 2804); Divers (absolut 21) und keine Angabe (absolut) 81. Im Verhältnis zu ihrem Anteil in der Behörde von 31,5 % haben mit einer Quote von 37 % mehr Frauen an der Befragung teilgenommen als Männer (Verhältnis in der Behörde 68,5 % zu 61 % bei der Befragung).

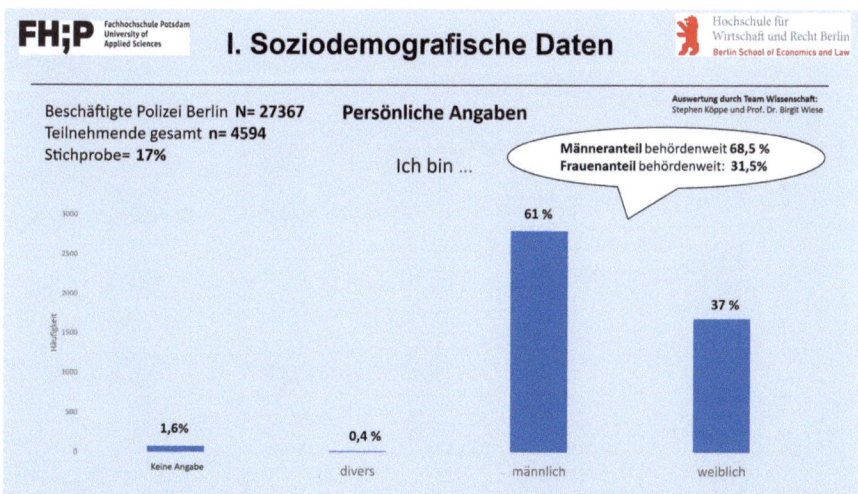

Abb. 5.1 Soziodemografische Daten Umfrage Werteprozess Polizei Berlin. (Eigene Darstellung)

Unterschiede bzw. Gemeinsamkeiten zwischen Männern und Frauen im Antwortverhalten werden in Abschn. 5.2 (Auswertung Teil A) und in Abschn. 5.4 (Auswertung Teil C) frageweise ausgewiesen.

Bezüglich der Teilnehmendenzahl von ~ 17 % ist anzumerken, dass diese im wissenschaftlichen Kontext grundsätzlich als eine gute Stichprobe angesehen werden kann, die einen deutlichen Trend abbildet.

Mitarbeitendenzahl zum Zeitpunkt der Befragung gesamt 27.411 (Stand 2. Quartal 2024):

- Davon Anzahl der Babyboomer (vor 1971 geboren): 6668 = 24,3 %. Mit einem Teilnahmeanteil von 23 % ist diese Generation leicht unterrepräsentiert in der Umfrage (siehe Abb. 5.2 und 5.3).
- Davon Anzahl der Gen X (1971 bis 1985): 8367 = 30,5 %. Mit einem Teilnahmeanteil von 40 % ist diese Generation stark überrepräsentiert in der Umfrage (siehe Abb. 5.2 und 5.3).
- Davon Anzahl der Gen Y (1986 bis 1999): 9380 = 34,2 %. Mit einem Teilnahmeanteil von 32,7 % ist diese Generation leicht unterrepräsentiert in der Umfrage (siehe Abb. 5.2 und 5.3).

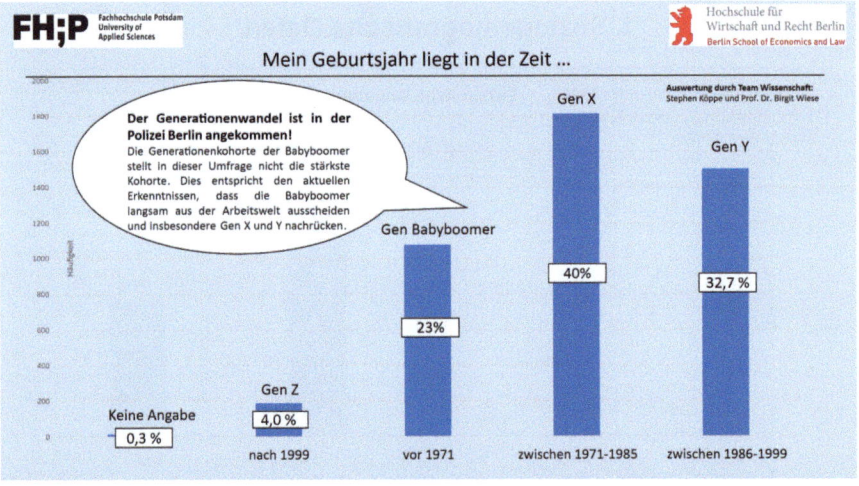

Abb. 5.2 Die Generationenkohorten in der Umfrage Werteprozesse. (Eigene Darstellung)

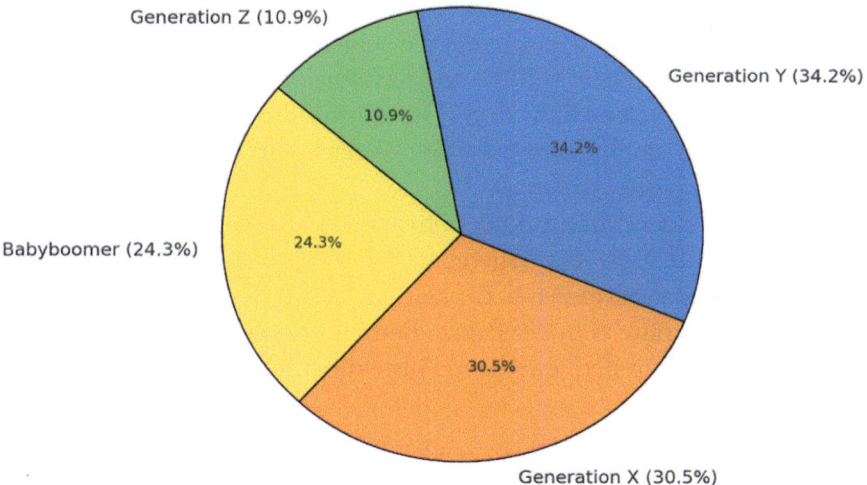

Verteilung der Generationen in der Polizei Berlin (n = 27.367)

Abb. 5.3 Mitarbeitende der Generationenkohorten in der Polizei Berlin. (Eigene Darstellung)

- Davon Anzahl der Gen Z (nach 1999 geboren): 2996 = (10,9 % gesamt) davon 1893 (6,9 %) in der Ausbildung und 1103 (4 %) im aktiven Dienst. Das Verhältnis zwischen Ausbildung und aktiver Dienst beläuft sich auf rund 60 % (in Ausbildung) zu 40 % (aktiver Dienst). Die Gen Z ist mit 4 % Teilnahmeanteil in der Umfrage stark unterrepräsentiert (siehe Abb. 5.2 und 5.3).

Die Ergebnisse der Gen Z konnten zwar durch qualitative Forschungsergebnisse – Workshops bei der Bereitschaftspolizei Berlin und mit Beschäftigten im Abschnittsdienst der Polizeidirektion 2 (West) Berlin mit rund 50 Angehörigen der Gen Z – bestätigt werden, dennoch sollten die Ergebnisse der Gen Z in dieser Umfrage als Trend bewertet werden.

Für die anderen Generationen kann die Aussage getroffen werden, dass die Studie die Generationen Babyboomer und Gen Y gut repräsentiert, die Gen X aber überrepräsentiert ist. Damit können die Aussagen zu der Gen Babyboomer; Gen X und Y insgesamt als valide betrachtet werden.

Der **Vollzugsdienst** (Schutzpolizei mit 15.478; Kriminalpolizei mit 3422) bildet mit insgesamt 18.900 (~ 69 %) Mitarbeitenden die **größte Statusgruppe** in der Polizei Berlin. Das spiegelt sich auch bei der Teilnahme an der Umfrage wider, in der die beiden Statusgruppen mit ~ **82 %** (Schutzpolizei 2623 bzw. ~ 57 % und Kriminalpolizei 1145 bzw. ~ 25 %) **deutlich überrepräsentiert** sind. Die drittgrößte Gruppe stammt mit 392 (~ 8,5 %) Teilnehmenden aus dem Bereich Verwaltung/verwaltungsnahen Bereich (siehe Abb. 5.4).

Wirft man einen Blick auf die Führungskräfte, definieren sich ~ 25 % und damit ~1160 der Umfrageteilnehmenden als Führungskraft (siehe Abb. 5.5). Leider existieren z.Zt. keine genauen Angaben darüber, wie viele Führungskräfte es in der Polizei Berlin insgesamt gibt, da diese Zahlen nur dezentral in den jeweiligen Polizeidirektionen erfasst werden.

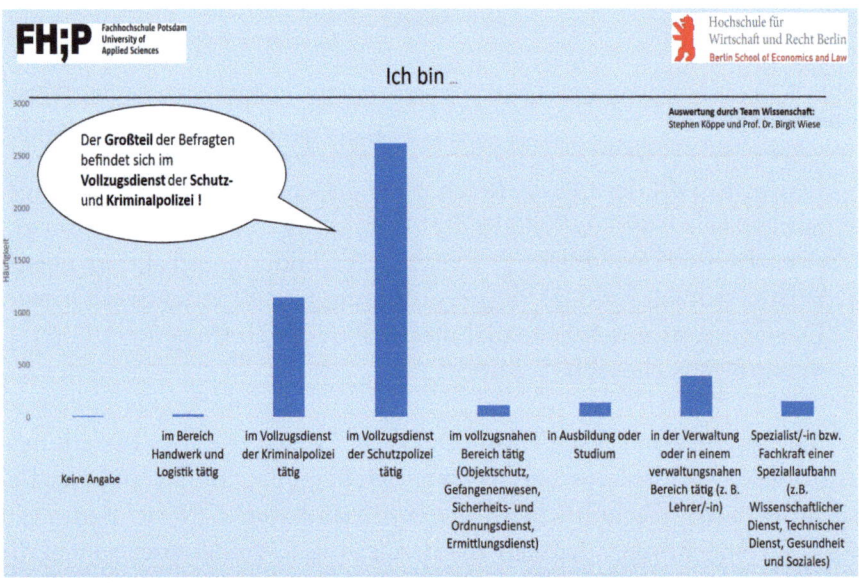

Abb. 5.4 Statusgruppen in der Polizei Berlin Umfrage Werteprozess. (Eigene Darstellung)

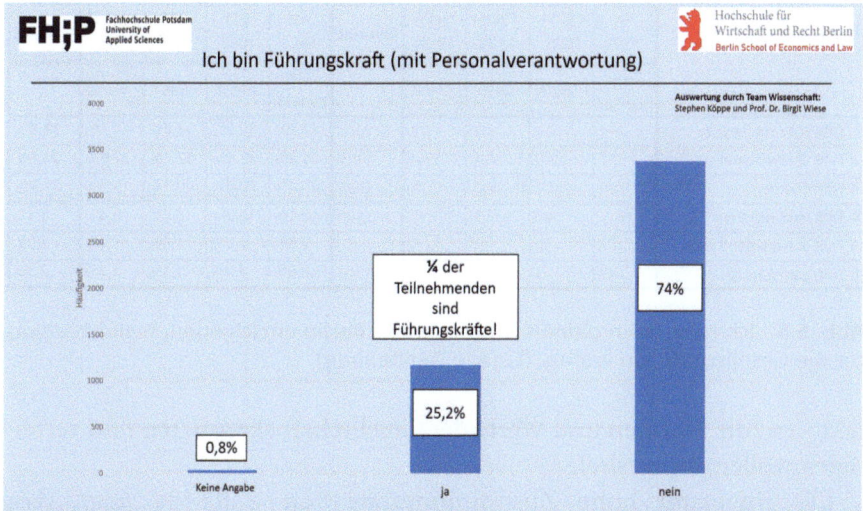

Abb. 5.5 Anzahl der teilnehmenden Führungskräfte Umfrage Werteprozess. (Eigene Darstellung)

5.2   Ergebnisse Teil A: Motivation für eine Tätigkeit in der Polizeibehörde

Bei der Auswertung werden die Aussagen 1 bis 3 als Zustimmung und 4 bis 6 als Ablehnung gewertet. Die Stufen 1 bis 3 wurden in der Auswertung besonders berücksichtigt, da diese Stufen unterschiedliche Gewichtungen von Werten innerhalb der Generationen sichtbar und vor dem Hintergrund unterschiedlicher Generationenwerte interpretierbar machen.

Das Ergebnis der Frage 1 zeigt, dass ~ 87 % dieser Aussage zustimmen. Die Frage 1 ist nach dem Berufswahlmodell dem Bereich des Socials zuzuordnen und spiegelt das Bedürfnis wider, einen Beruf mit Kontakt zu Menschen ausüben zu wollen. Nach dem Commitment ist der Wert der affektiv/normativen Bindung zuzuordnen. Das heißt, dass das Motiv gleichzeitig hohe emotionale (sich als Teil der Gesellschaft verstehen und für die Gesellschaft einsetzen wollen) und normative Bindungs-

Geburtsjahr	vor 1971	1971-1985	1986-1999	nach 1999	Gesamt	vor 1971	1971-1985	1986-1999	nach 1999	Gesamt
	Baby-boomer	GenX	GenY	GenZ		Baby-boomer	GenX	GenY	GenZ	
1 Trifft voll und ganz zu	294	548	577	78	1500	27,2%	30,2%	38,4%	41,7%	**32,7%**
2 Trifft überwiegend zu	337	569	491	61	1461	31,2%	31,4%	32,7%	32,6%	**31,8%**
3 Trifft eher zu	250	422	302	31	1005	23,2%	23,3%	20,1%	16,6%	**21,9%**
4 Trifft eher nicht zu	112	182	78	12	386	10,4%	10,0%	5,2%	6,4%	8,4%
5 Trifft überwiegend nicht zu	28	36	27	2	93	2,6%	2,0%	1,8%	1,1%	2,0%
6 Trifft gar nicht zu	41	44	17	2	106	3,8%	2,4%	1,1%	1,1%	2,3%

Abb. 5.6 Ich habe mich damals für die Polizei Berlin entschieden, weil ich etwas für die Gesellschaft tun wollte. (Eigene Darstellung)

faktoren (die Normen und Werte der Gesellschaft akzeptieren und verteidigen wollen) beinhaltet.

Die insgesamt hohe Zustimmungsrate von ~ 87 % zeigt, dass generationenübergreifend dem Motiv, etwas für die Gesellschaft tun zu wollen, eine hohe Bedeutung zukommt (siehe Abb. 5.6).

Auffällig ist, dass die Gen Y in der 1. Stufe (trifft voll und ganz zu) einen Wert von ~ 38 % und insgesamt bei allen drei Zustimmungsstufen einen Wert von ~ 91 % aufweist. Dem gegenüber weist die Gen Babyboomer in Stufe 1 (trifft voll und ganz zu) mit ~ 27 % und mit einem Gesamtzustimmungswert von ~ 82 % den niedrigsten Wert bei dieser Frage aus. Auch die Gen X weicht mit ~ 85 % und die Gen Z mit ~ 87 % Gesamtzustimmung von dem Wert der Gen Y (~ 91 %) ab. Daraus lässt sich ableiten, dass das Motiv, etwas für die Gesellschaft tun zu wollen, für die Gen Y offenbar einen höheren Wert darstellt als für die anderen Generationen (siehe Abb. 5.6).

Das Ergebnis von Frage 2 zeigt, dass ~ 92 % dieser Aussage zustimmen. Die Frage 2 ist nach dem Berufswahlmodell den Bereichen des Socials/Conventionals zuzuordnen und spiegelt das Bedürfnis wider, einen Beruf mit Kontakt zu Menschen ausüben zu wollen, dabei das existierende Rechtssystem zu akzeptieren und unterstützen zu wollen. Nach dem Commitment ist auch hier eine affektiv/normative Bindung anzunehmen (emotionale Bindung mit der Akzeptanz von Normen und Werten der Gesellschaft sowie der Organisation).

Geburtsjahr	vor 1971	1971-1985	1986-1999	nach 1999	Gesamt	vor 1971	1971-1985	1986-1999	nach 1999	Gesamt
	Baby-boomer	GenX	GenY	GenZ		Baby-boomer	GenX	GenY	GenZ	
1 Trifft voll und ganz zu	497	857	710	95	2164	46,1%	47,3%	47,3%	50,8%	47,1%
2 Trifft überwiegend zu	276	524	505	52	1358	25,6%	28,9%	33,6%	27,8%	29,6%
3 Trifft eher zu	175	261	204	31	673	16,2%	14,4%	13,6%	16,6%	14,6%
4 Trifft eher nicht zu	57	87	43	4	192	5,3%	4,8%	2,9%	2,1%	4,2%
5 Trifft überwiegend nicht zu	24	36	20	1	81	2,2%	2,0%	1,3%	0,5%	1,8%
6 Trifft gar nicht zu	39	41	18	3	102	3,6%	2,3%	1,2%	1,6%	2,2%

Abb. 5.7 Ich habe mich damals für die Polizei Berlin entschieden, weil ich für Gerechtigkeit eintreten wollte. (Eigene Darstellung)

Die insgesamt hohe Zustimmungsrate von ~ 92 % zeigt, dass generationenübergreifend dem Motiv, für Gerechtigkeit eintreten zu wollen, eine sehr hohe Bedeutung zukommt. Bemerkenswert ist dabei, dass alle Generationen in der 1. Stufe (trifft voll und ganz zu) einen hohen Wert erreichen, der zwischen 46 % (Babyboomer) und ~ 51 % bei der Gen Z liegt (siehe Abb. 5.7).

Das Ergebnis von Frage 3 zeigt, dass ~ 72 % der Aussage zustimmen. Die Frage 2 ist nach dem Berufswahlmodell dem Bereich des Socials (in Kontakt mit anderen Menschen stehen wollen) und nach dem Commitment der affektiven (emotionale Bindung an die Organisation)/ normativen Bindung (Übereinstimmung mit und Akzeptanz der Normen und Werte in der Organisation) zuzuordnen.

Das Ergebnis von Frage 3 zeigt eine Verteilung, die auch die 4. Stufe (trifft eher nicht zu) mit einem Wert von insgesamt ~15 % miteinschließt. Insgesamt liegt die Zustimmungsquote bei ~ 72 %, wobei die Gen Z und Gen Babyboomer mit ~ 34 % die höchsten und die Gen X und Gen Y mit ~ 28 % die niedrigste Zustimmungsquote in der 1. Stufe (trifft voll und ganz zu) aufweisen (siehe Abb. 5.8). Werden die Wertungen der Zustimmungsstufen 1 bis 3 innerhalb der Generationen betrachtet, beträgt der Durchschnitt bei der Einzelbetrachtung der Generationen ~72 %, d. h. dass das Gesamtergebnis durch jede Generation bestätigt wird. Inhaltlich zeigt sich, dass generationenübergreifend ein Gefühl der Berufung vorhanden ist und damit ein wichtiges Motiv, bei der Polizei tätig

Geburtsjahr	vor 1971	1971-1985	1986-1999	nach 1999	Gesamt	vor 1971	1971-1985	1986-1999	nach 1999	Gesamt
	Baby-boomer	GenX	GenY	GenZ		Baby-boomer	GenX	GenY	GenZ	
1 Trifft voll und ganz zu	360	518	426	63	1369	33,4%	28,6%	28,4%	33,7%	29,8%
2 Trifft überwiegend zu	218	406	318	33	977	20,2%	22,4%	21,2%	17,6%	21,3%
3 Trifft eher zu	203	386	342	43	976	18,8%	21,3%	22,8%	23,0%	21,2%
4 Trifft eher nicht zu	152	279	214	31	677	14,1%	15,4%	14,3%	16,6%	14,7%
5 Trifft überwiegend nicht zu	67	89	97	8	261	6,2%	4,9%	6,5%	4,3%	5,7%
6 Trifft gar nicht zu	68	124	101	7	303	6,3%	6,8%	6,7%	3,7%	6,6%

Abb. 5.8 Ich habe mich damals für die Polizei Berlin entschieden, weil die Arbeit für die Polizei für mich eine Berufung war. (Eigene Darstellung)

werden zu wollen, aufzeigt. Allerdings wird deutlich, dass sich die Gen Z und Gen Babyboomer eher berufen fühlen als die Gen X und Gen Y.

Der Begriff der „Berufung" impliziert, dass ein Mensch sich zu einer Aufgabe hingezogen fühlt und sich deshalb gerne mit dieser Aufgabe „betrauen lässt", weil diese ihm oder ihr einen Lebenssinn gibt. Wird vor diesem Hintergrund der hohe Wert der Gen Z reflektiert, so zeigt die aktuelle Generationenforschung dass die Gen Z eine Generation ist, die auf der Suche nach einer sinnstiftenden Tätigkeit/Lebensaufgabe ist. Vor diesem Hintergrund lässt sich der hohe Wert bei dieser Generation gut erklären.

Der hohe Wert der Generation Babyboomer lässt sich vermutlich mit der hohen Einsatzbereitschaft und Idealismus beantworten, die/der dieser Generation nachgesagt wird. So ist es nicht ungewöhnlich, dass dieser Generation auch „nachgesagt" wird, dass sie ihren Beruf als Berufung betrachten.

Die Frage 4 weist ein Gesamtergebnis von ~ 71 % bei den Zustimmungswerten auf. Die Frage 4 ist nach dem Berufswahlmodell den Bereichen des Socials (im Kontakt mit anderen Menschen stehen)/Conventionals (Struktur, Normen und Werte akzeptieren) und nach dem Commitment der affektiv (emotionale Bindung an die Organisation, die nach außen vertreten wird)/normativen Bindung (Vertretung der Normen und Werte einer Organisation auch nach außen) zuzuordnen.

Auffällig ist hier, dass die Gesamtzustimmungsrate bei der Gen Z bei ~ 78 % und bei der Gen Y bei ~ 74 % liegt (siehe Abb. 5.9). Demge-

Geburtsjahr	vor 1971	1971-1985	1986-1999	nach 1999	Gesamt	vor 1971	1971-1985	1986-1999	nach 1999	Gesamt
	Baby-boomer	GenX	GenY	GenZ		Baby-boomer	GenX	GenY	GenZ	
1 Trifft voll und ganz zu	201	324	308	54	889	18,6%	17,9%	20,5%	28,9%	19,4%
2 Trifft überwiegend zu	255	464	421	50	1190	23,6%	25,6%	28,0%	26,7%	25,9%
3 Trifft eher zu	279	472	376	42	1170	25,9%	26,0%	25,0%	22,5%	25,5%
4 Trifft eher nicht zu	204	351	241	24	823	18,9%	19,4%	16,1%	12,8%	17,9%
5 Trifft überwiegend nicht zu	50	88	68	9	216	4,6%	4,9%	4,5%	4,8%	4,7%
6 Trifft gar nicht zu	73	98	80	8	262	6,8%	5,4%	5,3%	4,3%	5,7%

Abb. 5.9 Ich habe mich damals für die Polizei Berlin entschieden, weil ich als Mitarbeitende/r der Polizei ein Vorbild für die Gesellschaft sein wollte. (Eigene Darstellung)

genüber stehen Gesamtzustimmungsraten von ~ 68 % bei den Babyboomern und 70 % bei der Gen X. Bei diesen beiden Generationen (Babyboomer und Gen X) liegen die Werte für die 4. Stufe (trifft eher nicht zu) mit ~ 19 % deutlich über dem Ergebnis der Gen Z mit ~ 13 % und der Gen Y mit ~ 16 %.

Inhaltlich zeigt sich bei dieser Frage, dass generationenübergreifend der Wunsch „Vorbild zu sein" ein wichtiges Motiv darstellt, um bei der Polizei tätig zu werden. Die Unterschiede zwischen den Generationen zeigen jedoch, dass dieses Motiv bei den Babyboomern und Gen X auf der einen und Gen Y und Gen Z auf der anderen Seite eine andere Wertigkeit besitzt. Wird dieser Befund jetzt vor dem Hintergrund der Generationenforschung reflektiert, zeigt sich, dass für die Gen Y und Gen Z die Sinnstiftung im Beruf einen hohen Wert darstellt. Für andere ein Vorbild sein, könnte vor diesem Hintergrund als ein hoher Anspruch an sich selbst interpretiert werden, der sinnstiftend wirkt. Die Generationen Babyboomer und Gen X haben diesen Anspruch auch an sich, aber scheinbar nicht in der Wertigkeit wie die Gen Y und Gen Z.

Frage 5 weist in der Gesamtzustimmung eine Quote von ~ 79 % aus und reicht bis auf die 4. Stufe (trifft eher nicht zu). Die Frage 5 ist nach dem Berufswahlmodell dem Bereich des Conventionals (Arbeiten in zuverlässigen Strukturen) und nach dem Commitment der rationalen Bindung (Sicherheit des Arbeitsplatzes ist garantiert) zuzuordnen. Bemerkenswert ist hier der Unterschied in der 1. Stufe (trifft voll und ganz zu) zwischen der Gen Z mit ~34 % und Gen Babyboomer mit nur

Geburtsjahr	vor 1971	1971-1985	1986-1999	nach 1999	Gesamt	vor 1971	1971-1985	1986-1999	nach 1999	Gesamt
	Baby-boomer	GenX	GenY	GenZ		Baby-boomer	GenX	GenY	GenZ	
1 Trifft voll und ganz zu	266	513	464	63	1309	24,7%	28,3%	30,9%	33,7%	28,5%
2 Trifft überwiegend zu	288	464	351	41	1146	26,7%	25,6%	23,4%	21,9%	24,9%
3 Trifft eher zu	254	484	379	47	1166	23,5%	26,7%	25,2%	25,1%	25,4%
4 Trifft eher nicht zu	143	207	159	16	527	13,3%	11,4%	10,6%	8,6%	11,5%
5 Trifft überwiegend nicht zu	41	52	75	9	177	3,8%	2,9%	5,0%	4,8%	3,9%
6 Trifft gar nicht zu	81	86	69	11	248	7,5%	4,7%	4,6%	5,9%	5,4%

Abb. 5.10 Ich habe mich damals für die Polizei Berlin entschieden, weil ich mir einen sicheren Arbeitsplatz im öffentlichen Dienst gewünscht habe. (Eigene Darstellung)

~25 % Zustimmung (siehe Abb. 5.10). Diese Abweichung kann bei der Gen Z mit dem Wunsch erklärt werden, einen sicheren Arbeitsplatz anzustreben und vor diesem Hintergrund den Öffentlichen Dienst als Wunscharbeitgeber zu sehen, den diese Generation mit einem sicheren Arbeitsplatz verbindet.

Anzumerken ist zudem, dass generationsübergreifend auf der 4. Stufe (trifft eher nicht zu) Werte zwischen ~9 % (Gen Z) und ~ 13 % (Gen Babyboomer) erreicht werden. Das deutet darauf hin, dass ein sicherer Arbeitsplatz für einen Teil der Umfrageteilnehmenden kein zwingendes Motiv darstellt, um in den Öffentlichen Dienst einzutreten. Dieses Ergebnis, aber auch die Ergebnisse auf der 1. Stufe bei der Gen Babyboomer und Gen X scheinen im Widerspruch zueinander zu stehen, da aufgrund der Arbeitsmarktsituation die Suche nach einem sicheren Arbeitsplatz erstrebenswert erschien. Aber genau hier könnte sich der Widerspruch auch auflösen: Beide Generationen waren vor dem Hintergrund der Arbeitsmarktsituation zufrieden, wenn sie eine Einstellung erreichen konnten, der Arbeitgeber war dabei zweitrangig. Es galt das Prinzip: „Nimm, was du bekommst!"

Insgesamt zeigen sich bei der Gesamtzustimmung nur leichte Abweichung zwischen den Generationen Gen Z mit ~80 %; Gen X mit ~81 %; Gen Y mit ~80 % und der Gen Babyboomer mit ~75 % (siehe Abb. 5.10). Das Ergebnis weist darauf hin, dass der Öffentliche Dienst generationsübergreifend als sicherer Arbeitgeber betrachtet wird und das ein wichtiges Motiv dafür sein kann, in den Staatsdienst einzutreten.

Geburtsjahr	vor 1971	1971-1985	1986-1999	nach 1999	Gesamt	vor 1971	1971-1985	1986-1999	nach 1999	Gesamt
	Baby-boomer	GenX	GenY	GenZ		Baby-boomer	GenX	GenY	GenZ	
1 Trifft voll und ganz zu	271	539	476	74	1364	25,1%	29,7%	31,7%	39,6%	29,7%
2 Trifft überwiegend zu	265	482	368	36	1154	24,6%	26,6%	24,5%	19,3%	25,1%
3 Trifft eher zu	294	483	372	37	1186	27,2%	26,6%	24,8%	19,8%	25,8%
4 Trifft eher nicht zu	146	186	143	26	503	13,5%	10,3%	9,5%	13,9%	10,9%
5 Trifft überwiegend nicht zu	34	48	81	5	168	3,2%	2,6%	5,4%	2,7%	3,7%
6 Trifft gar nicht zu	64	69	56	8	198	5,9%	3,8%	3,7%	4,3%	4,3%

Abb. 5.11 Ich habe mich damals für die Polizei Berlin entschieden, weil ich einen Beruf mit sicherer Bezahlung ausüben wollte

Die Frage 6 hatte eine Zustimmungsquote von ~ 81 % und ist nach dem Berufswahlmodell den Bereichen des Conventionals (Arbeiten in zuverlässigen Strukturen) und nach dem Commitment der rationalen Bindung (Geldzufluss ist gesichert) zuzuordnen.

Auffällig ist, dass sich bei der Gen Z in der 1. Stufe (trifft voll und ganz zu) eine Zustimmungsquote von ~ 40 % zeigt, hingegen bei der Gen Babyboomer lediglich eine Quote von ~ 25 % zu verzeichnen ist (siehe Abb. 5.11). Diese Abweichung kann bei der Gen Z mit dem Wunsch erklärt werden, nicht nur einen sicheren Arbeitsplatz im Öffentlichen Dienst zu erhalten, sondern auch sicher bezahlt zu werden. Im Gegensatz zur freien Wirtschaft, in der sich vermeintlich sichere Arbeitsplätze mit sicherer Bezahlung plötzlich vor dem Hintergrund einer umfassenden Wirtschaftskrise auflösen können, wird der öffentliche Dienst insbesondere von der Gen Z als sicherer Arbeitsplatz mit einer sicheren Bezahlung gesehen. Diese Sichtweise ist bei der Gen Z vermutlich durch die Wahrnehmung der problematischen Arbeitsmarktsituation für ihre Elterngeneration Gen X geprägt worden.

Damit lässt sich auch der höchste Gesamtzustimmungswert von 83 % bei dieser Frage von der Gen X erklären: als „Generation Praktikum" mussten sie die Erfahrung machen, dass beides – sicherer Arbeitsplatz und Bezahlung – in den Jahren 2000 bis 2010 (Jahrzehnt der Wirtschaftskrisen) unsicher waren.

Der niedrige Wert von 25 % auf der 1. Stufe (trifft voll und ganz zu) und die Gesamtzustimmungsrate von ~ 77 % (niedrigster Wert in dieser Frage) bei den Babyboomern könnten auch hier mit der schwierigen Situation erklärt werden, in der sich die Babyboomer beim Eintritt in den Arbeitsmarkt befunden haben: Aufgrund der sehr großen Geburtenkohorte hatte diese Generation keine großen Möglichkeiten bei der Berufswahl („nimm, was du bekommst"), sodass eine sichere Bezahlung, zwar wünschenswert, aber keine zwingende Bedingung bei der Arbeitsplatzsuche darstellte.

Insgesamt kann jedoch konstatiert werden, dass eine sichere Bezahlung generationsübergreifend eine hohe Bedeutung besitzt.

Frage 7 weist mit einer Quote von ~ 93 % eine sehr hohe Zustimmungsrate und ist nach dem Berufswahlmodell dem Bereich des Socials (Bedürfnis im Kontakt mit Menschen zu stehen sowie helfend tätig zu werden) und nach dem Commitment der affektiven Bindung (emotionale Bindung durch das Motiv, Menschen helfen zu wollen und nicht „im Stich zu lassen") zuzuordnen.

Die hohe Quote von ~ 93 % zeigt, dass das Motiv „Menschen helfen wollen" generationenübergreifend einen sehr hohen Wert darstellt (siehe Abb. 5.12). Dabei zeigt sich, dass die Gen Z mit ~ 96 % die höchste Zustimmungsrate bei dieser Frage besitzt. Dieser Unterschied zu den anderen drei Generationen lässt sich vermutlich darauf zurückführen, dass das Motiv „Menschen helfen" auch ein hohes Maß an Sinnstiftung beinhaltet; ein Wert, der für die Gen Z im beruflichen Kontext leitend ist.

Bemerkenswert ist auch hier der deutliche Unterschied in der 1. Stufe (trifft voll und ganz zu) zwischen der Gen Z (~ 53 %) und Babyboomer (~ 39 %). Unterschiede finden sich in der 1. Stufe allerdings auch im Verhältnis der Gen Z zur Gen Y (~ 48 %) und Gen X (~ 43 %). Hier spiegelt

Geburtsjahr	vor 1971	1971-1985	1986-1999	nach 1999	Gesamt	vor 1971	1971-1985	1986-1999	nach 1999	Gesamt
	Baby-boomer	GenX	GenY	GenZ		Baby-boomer	GenX	GenY	GenZ	
1 Trifft voll und ganz zu	415	778	713	99	2008	38,5%	42,9%	47,5%	52,9%	**43,7%**
2 Trifft überwiegend zu	333	555	469	58	1417	30,9%	30,6%	31,2%	31,0%	**30,8%**
3 Trifft eher zu	230	332	227	23	812	21,3%	18,3%	15,1%	12,3%	**17,7%**
4 Trifft eher nicht zu	48	88	56	5	201	4,4%	4,9%	3,7%	2,7%	4,4%
5 Trifft überwiegend nicht zu	21	25	16	0	62	1,9%	1,4%	1,1%	0,0%	1,3%
6 Trifft gar nicht zu	20	25	12	1	59	1,9%	1,4%	0,8%	0,5%	1,3%

Abb. 5.12 Ich habe mich damals für die Polizei Berlin entschieden, weil ich gerne Menschen helfen wollte. (Eigene Darstellung)

sich bei der Gen Babyboomer und Gen X vermutlich erneut die Problematik wider, Schwierigkeiten beim Ankommen am Arbeitsmarkt gehabt zu haben: Für diese Generationen stellt „Menschen helfen wollen" zwar auch einen hohen Wert dar, aber er hat offenbar nicht die hohe Leitkraft, wie bei der Gen Z und Gen Y.

Frage 8 besitzt mit einer Zustimmungsquote von ~ 90 % erneut einen sehr hohen Wert. Die Frage 8 ist nach dem Berufswahlmodell dem Bereich des Socials (im Kontakt mit Menschen sein und ihnen helfen – als sinnstiftendes Motiv) und nach dem Commitment der affektiven Bindung (sich emotional an die Organisation und deren Tätigkeitsfeld gebunden zu fühlen) zuzuordnen.

Allerdings zeigen sich hier wieder deutliche Unterschiede zwischen der Gen Z (~ 50 %) und der Gen Babyboomer (~ 35 %) auf der 1. Stufe (trifft voll und ganz zu), wobei auch die Gen X auf der 1. Stufe bei lediglich 36 % liegt. (siehe Abb. 5.13). Insgesamt zeigt sich hier ein Split zwischen der Gen Z (Zustimmungsrate insgesamt ~94 %) und Gen Y (Zustimmungsrate insgesamt ~94 %) einerseits und Gen Babyboomer (Zustimmungsrate insgesamt ~87 %) und Gen X (Zustimmungsrate insgesamt ~88 %) andererseits.

Dieser Split lässt sich vermutlich abermals mit der Situation der Babyboomer und Gen X erklären, dass beide Generationen aufgrund der Arbeitsmarktsituation keine großen Möglichkeiten bei der Berufswahl besaßen und dadurch für sie in erster Linie das Motiv, einen Arbeitsplatz/Ausbildungsplatz zu erhalten, im Mittelpunkt stand und andere Werte dahinter zurückgetreten sind.

Geburtsjahr	vor 1971	1971-1985	1986-1999	nach 1999	Gesamt	vor 1971	1971-1985	1986-1999	nach 1999	Gesamt
	Baby-boomer	GenX	GenY	GenZ		Baby-boomer	GenX	GenY	GenZ	
1 Trifft voll und ganz zu	381	652	682	93	1811	35,3%	36,0%	45,4%	49,7%	39,4%
2 Trifft überwiegend zu	339	573	484	57	1456	31,4%	31,6%	32,2%	30,5%	31,7%
3 Trifft eher zu	222	369	238	26	856	20,6%	20,4%	15,9%	13,9%	18,6%
4 Trifft eher nicht zu	71	135	54	5	266	6,6%	7,4%	3,6%	2,7%	5,8%
5 Trifft überwiegend nicht zu	25	33	20	3	81	2,3%	1,8%	1,3%	1,6%	1,8%
6 Trifft gar nicht zu	29	43	19	2	94	2,7%	2,4%	1,3%	1,1%	2,0%

Abb. 5.13 Ich habe mich damals für die Polizei Berlin entschieden, weil ich gerne einen sinnstiftenden Beruf haben wollte. (Eigene Darstellung)

Bei der Gen Z und Gen Y hingegen, das zeigt die Forschung, spielt das Motiv der Sinnstiftung eine zentrale Rolle, sodass die hohen Zustimmungswerte auf der 1. Stufe dieses Berufswahlmotiv bestätigen.

Frage 9 weist eine Gesamtzustimmungsquote von ~ 89 % aus und ist nach dem Berufswahlmodell dem Bereich des Socials (Bedürfnis im Kontakt mit anderen Menschen sein) und nach dem Commitment der affektiven Bindung (sich emotional auch mit anderen Mitarbeitenden verbunden zu fühlen) zuzuordnen. Auch hier zeigen sich erneut deutliche Unterschiede zwischen der Gen Z (~ 42 %) und der Gen Babyboomer (~ 30 %) auf der 1. Stufe (trifft voll und ganz zu). Aber auch in Bezug auf die Gen X (~ 34 %) und Gen Y (~ 35 %) ist der Unterschied bei der Zustimmungsrate auf der 1. Stufe in Vergleich zu Gen Z deutlich sichtbar (siehe Abb. 5.14). Der hohe Wert der Gen Z bestätigt die Forschungsergebnisse, dass die Teamarbeit für diese Generation eine sehr starke Bedeutung hat.

In der Gesamtschau (Stufe 1 bis 3 zusammengenommen) zeigen sich bei der Abgrenzung der einzelnen Generationen zueinander keine großen Abweichungen: die Werte bewegen sich zwischen ~88 % und ~ 90 %, sodass insgesamt die Aussage getroffen werden kann, dass Teamarbeit generationenübergreifend eine große Bedeutung besitzt.

Frage 10 weist in der Gesamtzustimmung mit ~ 95 % den höchsten Wert im Teil A aus und ist nach dem Berufswahlmodell dem Bereich des Enterprisings (Herausforderungen annehmen und bewältigen) und nach dem Commitment der affektiven Bindung (Übereinstimmung der Erwartungshaltungen an den Arbeitgeber mit den persönlichen Erwartungen und Zielen im beruflichen Kontext) zuzuordnen.

Geburtsjahr	vor 1971	1971-1985	1986-1999	nach 1999	Gesamt	vor 1971	1971-1985	1986-1999	nach 1999	Gesamt
	Baby-boomer	GenX	GenY	GenZ		Baby-boomer	GenX	GenY	GenZ	
1 Trifft voll und ganz zu	321	609	523	79	1536	29,7%	33,6%	34,8%	42,2%	**33,4%**
2 Trifft überwiegend zu	343	604	483	53	1484	31,8%	33,3%	32,2%	28,3%	**32,3%**
3 Trifft eher zu	281	416	330	35	1063	26,0%	22,9%	22,0%	18,7%	**23,1%**
4 Trifft eher nicht zu	82	124	111	12	332	7,6%	6,8%	7,4%	6,4%	7,2%
5 Trifft überwiegend nicht zu	17	31	32	1	81	1,6%	1,7%	2,1%	0,5%	1,8%
6 Trifft gar nicht zu	23	24	17	3	68	2,1%	1,3%	1,1%	1,6%	1,5%

Abb. 5.14 Ich habe mich damals für die Polizei Berlin entschieden, weil ich gerne im Team arbeiten wollte. (Eigene Darstellung)

Geburtsjahr	vor 1971	1971- 1985	1986- 1999	nach 1999	Gesamt	vor 1971	1971- 1985	1986- 1999	nach 1999	Gesamt
	Baby- boomer	GenX	GenY	GenZ		Baby- boomer	GenX	GenY	GenZ	
1 Trifft voll und ganz zu	547	939	885	139	2515	50,7%	51,8%	59,0%	74,3%	54,7%
2 Trifft überwiegend zu	331	532	415	33	1313	30,7%	29,3%	27,6%	17,6%	28,6%
3 Trifft eher zu	135	256	142	8	542	12,5%	14,1%	9,5%	4,3%	11,8%
4 Trifft eher nicht zu	30	45	40	1	117	2,8%	2,5%	2,7%	0,5%	2,5%
5 Trifft überwiegend nicht zu	8	12	11	0	31	0,7%	0,7%	0,7%	0,0%	0,7%
6 Trifft gar nicht zu	15	22	6	1	45	1,4%	1,2%	0,4%	0,5%	1,0%

Abb. 5.15 Ich habe mich damals für die Polizei Berlin entschieden, weil ich einen abwechslungsreichen Beruf ausüben wollte. (Eigene Darstellung)

Auch hier zeigen sich wieder deutliche Unterschiede zwischen der Gen Z (~ 74 %) und der Gen Babyboomer (~ 51 %) auf der 1. Stufe (trifft voll und ganz zu). Aber auch in Bezug auf die Gen X (~ 52 %) und Gen Y (~ 59 %) ist der Unterschied bei der Zustimmungsrate auf der 1. Stufe in Vergleich zu Gen Z deutlich sichtbar (siehe Abb. 5.15). In der Gesamt-schau (Stufe 1 bis 3 zusammengenommen) zeigen sich allerdings keine großen Abweichungen zwischen den Generationen. Der hohe Wert in der 1. Stufe bei der Gen Z bestätigt vorliegende Forschungsergebnisse, die darauf hinwiesen, dass die Gen Z die Vielfalt im Beruf als hohen Wert ansieht und bei der Berufswahl berücksichtigt. Der Wert von 59 % in der 1. Stufe bei der Gen Y spricht dafür, dass auch diese Generation einen ab-wechslungsreichen Beruf ausüben möchte, aber dieses Motiv nicht so stark ausgeprägt ist, wie bei der Gen Z. Die niedrigeren Werte in der 1. Stufe bei der Gen Babyboomer (51 %) und Gen X (52 %) sind vermut-lich erneut mit der Situation beim Eintritt in den Arbeitsmarkt zu erklä-ren: Ein abwechslungsreicher Beruf ist wünschenswert, aber die Frage ist, ob dieser Wunsch erfüllt werden konnte.

Insgesamt zeigt sich, dass der Wunsch nach einem abwechslungs-reichen Beruf generationenübergreifend vorhanden ist.

Frage 11 weist in der Gesamtzustimmung mit ~ 57 % einen sehr niedrigen Wert aus und ist nach dem Berufswahlmodell dem Bereich des Enterprisings (Anleiten/Führen von Personen und Herausforderungen annehmen und bewältigen) und nach dem Commitment der rationalen (durch Aufstieg mehr monetäre Mittel zur Verfügung haben, einen Machtstatus erreichen) und emotionalen Bindung (Übereinstimmung

Geburtsjahr	vor 1971	1971-1985	1986-1999	nach 1999	Gesamt	vor 1971	1971-1985	1986-1999	nach 1999	Gesamt
	Baby-boomer	GenX	GenY	GenZ		Baby-boomer	GenX	GenY	GenZ	
1 Trifft voll und ganz zu	80	164	196	56	501	7,4%	9,0%	13,1%	29,9%	10,9%
2 Trifft überwiegend zu	141	290	289	39	759	13,1%	16,0%	19,3%	20,9%	16,5%
3 Trifft eher zu	320	546	407	53	1328	29,7%	30,1%	27,1%	28,3%	28,9%
4 Trifft eher nicht zu	364	523	359	22	1270	33,7%	28,8%	23,9%	11,8%	27,6%
5 Trifft überwiegend nicht zu	68	134	118	8	329	6,3%	7,4%	7,9%	4,3%	7,2%
6 Trifft gar nicht zu	97	151	128	8	384	9,0%	8,3%	8,5%	4,3%	8,4%

Abb. 5.16 Ich habe mich damals für die Polizei Berlin entschieden, weil ich Karriere-/Aufstiegschancen haben wollte. (Eigene Darstellung)

der Erwartungshaltungen an den Arbeitgeber mit den persönlichen Erwartungen und Zielen im beruflichen Kontext) zuzuordnen.

Erneut zeigen sich deutliche Unterschiede zwischen der Gen Z (~ 30 %) und der Gen Babyboomer (~ 7 %) auf der 1. Stufe (trifft voll und ganz zu). Aber auch in Bezug auf die Gen X (~ 9 %) und Gen Y (~ 13 %) ist der Unterschied bei der Zustimmungsrate auf der 1. Stufe im Vergleich zu Gen Z deutlich sichtbar (siehe Abb. 5.16).

Diese Unterschiede zeigen auch in der in der Gesamtschau (Stufe 1 bis 3 zusammengenommen), dass große Abweichungen vorhanden sind: Gen Z mit dem höchsten Wert von ~ 79 %; Gen Babyboomer mit dem niedrigsten Wert von ~ 50 % und Gen X mit ~ 55 % und Gen Y mit ~ 59 % Zustimmungsquote.

Die Forschungen zur Gen Z machen deutlich, dass für diese Generation der berufliche Aufstieg bzw. Karriere einen hohen Wert darstellen. Das gilt auch für die Gen Y, hat aber nicht eine so starke Bedeutung wie für die Gen Z. Für die Gen Babyboomer und Gen X zeigt sich auch hier, dass es bei ihnen das Ziel im Vordergrund stand, am Arbeitsmarkt anzukommen und daher beruflicher Aufstieg/Karriere zwar wünschenswert, aber nicht unabdingbar waren.

Frage 12 zeigt mit ~ 31 % die niedrigste Zustimmungsrate im Frageblock 1, was allerdings auch der Frage als solcher geschuldet ist. Interessant ist bei der Betrachtung der Werte, dass die Gen Z auf der Stufe 1 eine Zustimmungsquote von ~ 19 % aufweist, während die anderen Generationen deutlich darunterliegen. Das spiegelt sich auch in der Gesamtschau wider: Die Gen Z hat hier eine Zustimmungsquote von 40 % (Gen Babyboomer ~29 %; Gen X ~ 30 % und Gen Y mit 29 %), was darauf

Geburtsjahr	vor 1971	1971-1985	1986-1999	nach 1999	Gesamt	vor 1971	1971-1985	1986-1999	nach 1999	Gesamt
	Baby-boomer	GenX	GenY	GenZ		Baby-boomer	GenX	GenY	GenZ	
1 Trifft voll und ganz zu	143	237	145	35	560	9,7%	13,1%	9,7%	18,7%	12,2%
2 Trifft überwiegend zu	95	126	133	12	369	8,8%	6,9%	8,9%	6,4%	8,0%
3 Trifft eher zu	117	185	153	27	484	10,8%	10,2%	10,2%	14,4%	10,5%
4 Trifft eher nicht zu	104	173	114	13	404	9,6%	9,5%	7,6%	7,0%	8,8%
5 Trifft überwiegend nicht zu	76	131	130	12	349	7,0%	7,2%	8,7%	6,4%	7,6%
6 Trifft gar nicht zu	533	953	824	87	2402	49,4%	52,6%	54,9%	46,5%	52,3%

Abb. 5.17 Ich habe mich damals für die Polizei Berlin entschieden, weil Verwandte/Freunde von mir auch bei der Polizei gearbeitet haben. (Eigene Darstellung)

hindeutet, dass die Gen Z bei der Berufswahl eher Empfehlungen und Vorbildern in ihrem näheren Umkreis folgt (siehe Abb. 5.17). Das lässt die Vermutung zu, dass die angebotene Vielfalt der Berufswahlmöglichkeiten zu einer Überforderungssituation führt, die die Gen Z durch Rückgriff auf persönliche Kontakte und Erfahrungen versucht, für sich aufzulösen.

Frage 13 weist eine Gesamtzustimmungsquote von 86 % aus und ist nach dem Berufswahlmodell dem Bereich des Socials (Verantwortung für andere übernehmen) und nach dem Commitment der affektiven (sich für die Organisation und ihre Werte und Normen einsetzen) und normativen Bindung (Werte und Normen der Organisation in Übereinstimmung mit den eigenen sehen) zuzuordnen.

Auf der 1. Stufe (trifft voll und ganz zu) zeigt sich eine Differenz von 6 % zwischen den Werten der Gen Z (~ 31 %) und Gen X (~ 25 %). Zwischen den Generationen Babyboomer, Gen X und Gen Y fällt die Differenz nicht groß aus (siehe Abb. 5.18). Der höchste Wert in der 1. Stufe bei der Gen Z lässt sich mit dem Forschungsergebnis erklären, dass die Gen Z tendenziell bereit zur Verantwortungsübernahme ist.

In der Gesamtschau (Stufen 1 bis 3) zeigen sich nur kleinere Abweichungen zwischen den Generationen und es ist festzustellen, dass sich die Werte generationenübergreifend fast gleich auf den drei Zustimmungsstufen verteilen. Im Ergebnis kann festgestellt werden, dass die Übernahme von Verantwortung generationenübergreifend als hoher Wert zu betrachten ist.

Frage 14 zeigt eine Zustimmungsquote von ~ 72 % und ist nach dem Berufswahlmodell dem Bereich des Conventionals (Strukturen, Normen und Werte werden als sinnvoll betrachtet)/Socials (Normen und

Geburtsjahr	vor 1971	1971-1985	1986-1999	nach 1999	Gesamt	vor 1971	1971-1985	1986-1999	nach 1999	Gesamt
	Baby-boomer	GenX	GenY	GenZ		Baby-boomer	GenX	GenY	GenZ	
1 Trifft voll und ganz zu	301	453	409	58	1226	31,0%	27,9%	25,0%	27,2%	**26,7%**
2 Trifft überwiegend zu	353	631	541	65	1591	34,8%	32,7%	34,8%	36,0%	**34,6%**
3 Trifft eher zu	270	469	362	40	1143	21,4%	25,0%	25,9%	24,1%	**24,9%**
4 Trifft eher nicht zu	93	149	110	16	368	8,6%	8,6%	8,2%	7,3%	8,0%
5 Trifft überwiegend nicht zu	18	50	40	3	111	1,6%	1,7%	2,8%	2,7%	2,4%
6 Trifft gar nicht zu	32	52	36	4	126	2,1%	3,0%	2,9%	2,4%	2,7%

Abb. 5.18 Ich habe mich damals für die Polizei Berlin entschieden, weil ich gerne einen verantwortungsvollen Beruf ausüben wollte. (Eigene Darstellung)

Geburtsjahr	vor 1971	1971-1985	1986-1999	nach 1999	Gesamt	vor 1971	1971-1985	1986-1999	nach 1999	Gesamt
	Baby-boomer	GenX	GenY	GenZ		Baby-boomer	GenX	GenY	GenZ	
1 Trifft voll und ganz zu	211	311	218	43	784	19,6%	17,2%	14,5%	23,0%	**17,1%**
2 Trifft überwiegend zu	288	494	360	39	1182	26,7%	27,2%	24,0%	20,9%	**25,7%**
3 Trifft eher zu	302	508	457	59	1327	28,0%	28,0%	30,4%	31,6%	**28,9%**
4 Trifft eher nicht zu	148	263	233	19	667	13,7%	14,5%	15,5%	10,2%	14,5%
5 Trifft überwiegend nicht zu	54	92	103	12	262	5,0%	5,1%	6,9%	6,4%	5,7%
6 Trifft gar nicht zu	66	137	125	14	344	6,1%	7,6%	8,3%	7,5%	7,5%

Abb. 5.19 Ich habe mich damals für die Polizei Berlin entschieden, weil ich einen Arbeitsplatz mit einem klaren Wertegerüst haben wollte. (Eigene Darstellung)

Werte ggü. anderen vertreten/ihnen vermitteln) sowie nach dem Commitment der normativen (Übereinstimmung mit Normen und Werten der Organisation) und affektiven Bindung (hoher Grad der Übereinstimmung von Zielen und Werten der Organisation mit den eigenen) zuzuordnen.

Auf der 1. Stufe (trifft voll und ganz zu) zeigt sich eine Differenz zwischen den Werten der Gen Z (~ 23 %) einerseits und der Gen Y (~ 15 %) und Gen X (~ 17 %) andererseits. Insgesamt zeigen die Zustimmungswerte, dass die Generationen Gen Z (~ 75 %), Gen Babyboomer (~ 74 %) und Gen X (~ 72 %) über dem Wert von 70 % liegen, während die Gen Y mit ~ 69 % sichtbar unter dem Gesamtwert von 72 % liegt (siehe Abb. 5.19).

Der ggü. den anderen Generationen höchste Zustimmungswert der Gen Z insbesondere auf der 1. Stufe bestätigt Hinweise aus der Forschung, dass für diese Generation ein klares Wertgerüst von großer Bedeutung ist. Es zeigt sich bei dieser Generation insbesondere im privaten Bereich eine Tendenz zu den sogenannten „traditionellen Werten". Als Ursache hierfür wird in der Forschung eine Überforderung mit der Vielzahl an möglichen Normen und Werten genannt, denen diese Generation folgen kann. Vor diesem Hintergrund orientieren sich viele Angehörige der Gen Z wieder an in ihren Augen „bewährten Normen und Werten" und knüpfen dabei an einen tendenziell eher traditionellen Wertekontext an. Im Arbeitskontext, so zeigen erste Forschungsergebnisse, zieht diese Generation Berufe in Organisationen vor, die ihr eine klare Struktur mit klaren Anweisungen auf der einen und Mitgestaltungs- und persönlichen Entwicklungsmöglichkeiten auf der anderen Seite bieten.

Der zweithöchste Zustimmungswert auf der 1. Stufe sowie der Gesamtzustimmungswert der Gen Babyboomer bestätigen Forschungsergebnisse, dass diese Generationen ein eher traditionelles Wertgerüst besitzen und daher Werte und Normen insgesamt für sie eine große Bedeutung besitzen. Sie haben als Führungskräfte mit ihren Normen und Werten in den letzten Jahren Organisationen maßgeblich geprägt.

Das Ergebnis der Gen X auf der 1. Stufe und im Gesamtzustimmungswert deutet darauf hin, dass auch für diese Generation Normen und Werte eine große Wichtigkeit besitzen. Allerdings weisen Forschungsergebnisse darauf hin, dass diese schon in Abgrenzung zu den Werten der Gen Babyboomer gesehen werden müssen. Diese beziehen sich insbesondere auf eine individuellere Lebensweise sowie kritischerer Beobachtung, Hinterfragen und Bewertung von Strukturen, Entscheidungen und Umgang mit Mitarbeitenden und Führung im Arbeitskontext. Sie sind in den letzten Jahren auf Führungspositionen aufgerückt und prägen jetzt Organisationen mit ihren Normen und Werten.

In Bezug auf die Gen Y, die mit ~ 69 % unter dem Gesamtzustimmungswert von ~ 72 % liegt, zeigt die Forschung, dass diese tendenziell eine große Offenheit ggü. unterschiedlichen Werten und Normen besitzt und sich daher in dieser Generation eher eine große Werte- und Normenvielfalt gebildet hat. Diese sind vor dem Hintergrund eines grundlegenden gesellschaftlichen Wandels entstanden, der Vielfalt auf vielen Ebenen befördert hat und auch weiterhin befördert. Für diese Generation sind

Werte und Normen im Arbeitskontext auch von großer Wichtigkeit, sie ist gleichzeitig aber auch grundsätzlich bereit, andere Normen und Werte zu akzeptieren. Sie rücken jetzt verstärkt in Führungspositionen auf und Forschungen deuten darauf hin, dass diese Generation eher bereit ist, in Verhandlungsprozesse mit Mitarbeitenden zu treten, gemeinsame Normen und Werte zu definieren und diese auch mit Leben zu füllen.

In der Gesamtschau (Stufen 1 bis 3) zeigen sich auch bei Frage 14 nur kleinere Abweichungen zwischen den Generationen und es ist festzustellen, dass sich die Werte generationenübergreifend fast gleich auf den drei Zustimmungsstufen verteilen. Im Ergebnis kann festgestellt werden, dass alle Generationen den Wunsch nach einem festen Wertegerüst besitzen, dieser allerdings unterschiedlich gewichtet wird.

5.3 Teil B: Kommunikation und Kooperation – Was Mitarbeitende sich von Ihren Führungskräften und KollegInnen wünschen

Im Frageteil B hatten die Teilnehmenden der Umfrage die Möglichkeit, aus 17 Aussagen ihre 5 „Favoriten" auszuwählen. Die folgende Ergebnisdarstellung zeigt das Ranking der Aussagen. In der Klammer hinter den Aussagen befindet sich die Anzahl der Nennungen und deren gerundetes Verhältnis zur Gesamtteilnehmendenzahl von 4.594. Die 6 häufigsten Nennungen wurden für den schnellen Überblick durch Fettdruck kenntlich gemacht. Leider war es aufgrund technischer Limitationen nicht möglich, bei dieser Frage eine Auswertung nach Generationen vorzunehmen.

1. **Mir ist wichtig, …**
2. **dass ein offener und ehrlicher Umgang in meinem Dienstbereich möglich ist. (3350/ ˜ 73 %)**
3. **dass mit Fehlern konstruktiv umgegangen wird. (2705/ ˜ 59 %)**
4. **dass ich Vorgesetzte habe, die mich in schwierigen beruflichen Situationen unterstützen. (2569/ ˜ 56 %)**
5. **dass wir respektvoll miteinander sprechen. (2256/ ˜ 49 %)**

6. **dass es einen Zusammenhalt in meinem Dienstbereich gibt. (2111/ ~ 46 %)**

7. dass sich die Kolleginnen und Kollegen mit ihren jeweiligen Kompetenzen gegenseitig im Dienstalltag unterstützen. (1943/~ 42 %)

8. dass Entscheidungsprozesse in meinem Dienstbereich transparent dargestellt werden. (1440/ ~ 31 %)

9. dass ich Vorgesetzte habe, die auf Grundlage gemeinsam vereinbarter Werte führen. (1225/ ~ 27 %)

10. dass ich mit all meinen Besonderheiten, Stärken, Schwächen und Erfahrungen akzeptiert werde. (1218/ ~ 26,5 %)

11. dass polizeiliches Handeln auch von tradierten Werten wie z. B. Pünktlichkeit, Zuverlässigkeit und Vorbildfunktion geleitet ist. (1025/ ~ 22 %)

12. dass ich Vorgesetzte habe, die mich in schwierigen privaten Situationen unterstützen. (888/ ~ 19 %)

13. dass ich mich mit meinem Team regelmäßig austauschen kann. (871/ ~ 19 %)

14. dass ich in meinem Dienstbereich an Veränderungsprozessen beteiligt werde. (812/ ~ 18 %)

15. dass ich mein Wissen und meine Berufserfahrung weitergeben kann. (811/ ~ 18 %)

16. dass ich regelmäßig die Gelegenheit bekomme, meine berufliche Rolle und meine dienstlichen Handlungen zu hinterfragen und zu reflektieren. (715/ ~ 16 %)

17. dass Kolleginnen und Kollegen beim Berufseinstieg besonders unterstützt werden. (608/ ~ 13 %)

18. dass ich mich (berufliche Rolle/dienstliche Handlungen) in meinem Dienstbereich kritisch hinterfragen und reflektieren kann. (435/ ~ 9 %)

Das Ranking zeigt, mit einem deutlichen Anteil von 73 %, dass Offenheit und Ehrlichkeit im Umgang miteinander eine sehr hohe Bedeutung für Mitarbeitenden in der Polizei Berlin haben. Auf Platz 2 wurde mit 59 % der Wunsch nach einer konstruktiven Fehlerkultur gerankt. Dicht folgt der Wunsch der Mitarbeitenden, in beruflichen Angelegenheiten die Unterstützung der Führungskraft zu erhalten. Auch den Aussagen

„Respektvolle Kommunikation" (49 %); „Zusammenhalt im Dienstbereich" (46 %) sowie „Gegenseitige Unterstützung" (42 %) werden im
Arbeitskontext eine hohe Bedeutung zugewiesen.

Die Aussagen „Transparenz von Entscheidungen" (31 %); „Führung
auf Grundlage gemeinsamer Werte" (27 %); „persönliche Akzeptanz"
(26,5 %) und „Polizeiliches Handeln, das auf tradierten Werten beruht"
(22 %) wurden zwar nicht so häufig gewählt, aber die Anzahl von Nen-
nungen, die über 1000 liegt, macht deutlich, dass diesen Aussagen auch
eine besondere Bedeutung zukommt.

5.4   Teil C: Berufsethik und Bindungsfaktoren unter dem Blickwinkel der Generationen

Bei der Auswertung werden die Stufen 1 bis 3 als Zustimmung und 4 bis
6 als Ablehnung gewertet.

Frage 1 zeigt eine Zustimmungsquote von ~ 93 % und ist nach dem
Berufswahlmodell dem Bereich des Conventionals (Orientierung an
Strukturen und Prinzipien) und Socials (Prinzipien als Grundlage für die
Arbeit mit Menschen) sowie nach dem Commitment der normativen
(Prinzipien, für die eine Organisation steht, als wichtiges Kriterium für
den Verbleib) und affektiven Bindung (Identifikation mit den Prinzipien
einer Organisation auf der emotionalen Ebene) zuzuordnen.

Auffällig ist, dass der Wert der Stufe 1 (trifft voll und ganz zu) zwischen der Gen Babyboomer (~ 38 %) und Gen X (~ 33 %) auf der einen
Seite und der Gen Y (~ 27 %) und Gen Z (~ 28 %) auf der anderen Seite
deutlich auseinandergeht. Die Gesamtzustimmung liegt zwischen ~91 %
(Gen Z) und ~ 94 % (Gen Babyboomer), d. h. hier zeigen sich keine großen Unterschiede (siehe Abb. 5.20).

Der deutliche Unterschied auf der 1. Stufe zwischen den Gen Babyboomer und Gen X auf der einen und der Gen Y und Gen Z auf der anderen
Seite könnte laut Forschungsergebnissen darauf zurückgeführt werden,
dass den beiden „jungen Generationen" tendenziell eine größere Flexibilität beim Verständnis von und im Umgang mit Prinzipien bescheinigt wird
als den „älteren Generationen" Babyboomer und Gen X, denen eher ein
Festhalten an bestehenden Prinzipien nachgesagt wird. Das zeigt sich auch
in der aktuellen Forschung zu den Unterschieden zwischen den Genera-

Geburtsjahr	vor 1971	1971-1985	1986-1999	nach 1999	Gesamt	vor 1971	1971-1985	1986-1999	nach 1999	Gesamt
	Baby-boomer	GenX	GenY	GenZ		Baby-boomer	GenX	GenY	GenZ	
1 Trifft voll und ganz zu	408	589	409	53	1465	37,8%	32,5%	27,2%	28,3%	31,9%
2 Trifft überwiegend zu	402	753	600	64	1819	37,3%	41,5%	40,0%	34,2%	39,6%
3 Trifft eher zu	197	359	372	54	984	18,3%	19,8%	24,8%	28,9%	21,4%
4 Trifft eher nicht zu	47	72	78	10	208	4,4%	4,0%	5,2%	5,3%	4,5%
5 Trifft überwiegend nicht zu	10	14	21	2	47	0,9%	0,8%	1,4%	1,1%	1,0%
6 Trifft gar nicht zu	6	12	11	2	32	0,6%	0,7%	0,7%	1,1%	0,7%

Abb. 5.20 Ich bin der Auffassung, dass gutes polizeiliches Handeln auf verbindlichen Prinzipien beruht. (Eigene Darstellung)

tionen im Polizeikontext:[1] Hier wird von den älteren Generationen Babyboomer und Gen X als Konfliktlinie zur Gen Y und Gen Z beschrieben, dass diese beiden Generationen nicht über ein vollumfängliches Verständnis verfügen würden, was unter Regeln und Verhaltenskodizes im Polizeidienst zu verstehen sei. Deshalb wurde von den beiden älteren Generationen u. a. der Vorschlag gemacht, während der Ausbildung/des Studiums die grundlegenden Prinzipien der Polizeiarbeit explizit zu vermitteln.

Dennoch kann insgesamt konstatiert werden, dass verbindliche Prinzipien im Polizeiberuf für alle Generationen eine große Bedeutung besitzen. **Die Gesamtzustimmungsquote bei Frage 2 hat mit ~ 96 % einen sehr hohen Wert erreicht** und ist nach dem Berufswahlmodell dem Bereich des Socials (vertrauensbildende [Zusammen]-Arbeit mit Menschen als Aufgabe) und nach dem Commitment der affektiven Bindung (emotionale Bindung durch Schaffung einer als positiv wahrgenommenen Aufgabe in der Präsenz nach außen) zuzuordnen.

In der Einzelbetrachtung der Stufen und Generationen zeigen sich nur minimale Abweichungen, sodass von einem Ergebnis gesprochen werden kann, dass die Aussage generationenübergreifend über eine sehr hohe Zustimmung verfügt. Das zeigt sich insbesondere in der 1. Stufe (trifft voll und ganz zu), in der bei allen Generationen eine Zustimmungsrate zwischen ~45 % und ~ 48 % besteht (siehe Abb. 5.21).

Auch die Gesamtzustimmungsquote bei Frage 3 hat mit ~ 96 % einen sehr hohen Wert erreicht. Frage 3 ist nach dem Berufswahlmodell dem Bereich des Socials (Vorbildlich handeln wollen beim Umgang mit Menschen) und nach dem Commitment der normativen (Vorbild sein gehört als Wert

---

[1] Vgl. Köppe/Wiese (2024), S. 256 ff.

Geburtsjahr	vor 1971	1971-1985	1986-1999	nach 1999	Gesamt	vor 1971	1971-1985	1986-1999	nach 1999	Gesamt
	Baby-boomer	GenX	GenY	GenZ		Baby-boomer	GenX	GenY	GenZ	
1 Trifft voll und ganz zu	496	815	727	87	2132	46,0%	45,0%	48,4%	46,5%	46,4%
2 Trifft überwiegend zu	370	687	464	63	1586	34,3%	37,9%	30,9%	33,7%	34,5%
3 Trifft eher zu	169	238	236	25	668	15,7%	13,1%	15,7%	13,4%	14,5%
4 Trifft eher nicht zu	24	54	41	4	123	2,2%	3,0%	2,7%	2,1%	2,7%
5 Trifft überwiegend nicht zu	7	11	18	2	38	0,6%	0,6%	1,2%	1,1%	0,8%
6 Trifft gar nicht zu	6	7	10	3	27	0,6%	0,4%	0,7%	1,6%	0,6%

Abb. 5.21   Ich bin der Auffassung, dass gutes polizeiliches Handeln das Vertrauen der Menschen in die Polizei stärkt. (Eigene Darstellung)

und Norm zur Organisation) und affektiven Bindung (sich mit den Zielen und Werten der Organisation identifizieren und dieses nach außen im Sinne von „als Vorbild fungieren" transportieren wollen) zuzuordnen.

In der Einzelbetrachtung zeigen sich in der 1. Stufe (trifft voll und ganz zu) Abweichungen zwischen der Gen X ~ 41 % und Gen Y ~ 43 % einerseits und Gen Babyboomer ~45 % sowie Gen Z ~ 47 % andererseits. Diese Abweichungen lassen sich damit erklären, dass der Gen Babyboomer eine Orientierung an eher tradierten Werten nachgesagt wird und die neueste Shell-Jugendstudie (2024) bei der Gen Z eine stärkere Orientierung an tradierten Werten aufzeigt. Als Ursache hierfür wird vermutet, dass die Gen Z in einer Welt aufwächst, in der scheinbar „alles geht und möglich ist", was diese Generation in eine Überforderungssituation bringt. Um diese zu umgehen, ist die Gen Z auf der Suche nach zuverlässigen Strukturen, an denen sie sich orientieren kann. Tradierte Werte bilden dabei eine Grundlage, die ihnen eine gewünschte Orientierung und Struktur bieten kann. Dennoch lässt sich auf der Stufe 1 und auch insgesamt die Aussage treffen, dass „vorbildliches Handeln" generationenübergreifend eine hohe Zustimmung erfährt und damit eine hohe Bedeutung besitzt (siehe Abb. 5.22).

Frage 4 erreicht eine Gesamtzustimmungsquote von ~ 92 % und ist nach dem Berufswahlmodell dem Bereich des Socials (Engagement für Menschen, um gesellschaftliche Anerkennung zu erhalten) und nach dem Commitment der normativen (die Organisation fördert die Anerkennung und Wertschätzung von außen) und affektiven Bindung (emotionale Bindung durch Anerkennung und Wertschätzung durch die Organisation nach innen) zuzuordnen.

Geburtsjahr	vor 1971	1971-1985	1986-1999	nach 1999	Gesamt	vor 1971	1971-1985	1986-1999	nach 1999	Gesamt
	Baby-boomer	GenX	GenY	GenZ		Baby-boomer	GenX	GenY	GenZ	
1 Trifft voll und ganz zu	480	744	640	87	1955	44,5%	41,0%	42,6%	46,5%	42,6%
2 Trifft überwiegend zu	361	693	531	61	1650	33,5%	38,2%	35,4%	32,6%	35,9%
3 Trifft eher zu	199	308	273	30	810	18,4%	17,0%	18,2%	16,0%	17,6%
4 Trifft eher nicht zu	21	45	35	5	106	1,9%	2,5%	2,3%	2,7%	2,3%
5 Trifft überwiegend nicht zu	3	5	11	0	19	0,3%	0,3%	0,7%	0,0%	0,4%
6 Trifft gar nicht zu	2	8	5	2	18	0,2%	0,4%	0,3%	1,1%	0,4%

Abb. 5.22 Ich bin der Auffassung, dass gutes polizeiliches Handeln auch vorbildliches Handeln ist. (Eigene Darstellung)

Geburtsjahr	vor 1971	1971-1985	1986-1999	nach 1999	Gesamt	vor 1971	1971-1985	1986-1999	nach 1999	Gesamt
	Baby-boomer	GenX	GenY	GenZ		Baby-boomer	GenX	GenY	GenZ	
1 Trifft voll und ganz zu	532	841	544	73	1998	49,3%	46,4%	36,2%	39,0%	43,5%
2 Trifft überwiegend zu	320	525	417	47	1310	29,7%	29,0%	27,8%	25,1%	28,5%
3 Trifft eher zu	164	319	353	43	879	15,2%	17,6%	23,5%	23,0%	19,1%
4 Trifft eher nicht zu	38	83	113	14	248	3,5%	4,6%	7,5%	7,5%	5,4%
5 Trifft überwiegend nicht zu	9	15	42	4	70	0,8%	0,8%	2,8%	2,1%	1,5%
6 Trifft gar nicht zu	6	21	29	4	61	0,6%	1,2%	1,9%	2,1%	1,3%

Abb. 5.23 Ich bin der Auffassung, dass gutes polizeiliches Handeln gesellschaftlicher Wertschätzung und Anerkennung bedarf. (Eigene Darstellung)

Auffällig ist, dass die Werte der Stufe 1 (trifft voll und ganz zu) zwischen der Gen Babyboomer (~ 49 %) und Gen X (~ 46 %) einerseits und Gen Z (~ 39 %) und Gen Y (~ 36 %) andererseits deutlich auseinandergehen (siehe Abb. 5.23). Das zeigt sich auch in der Gesamtzustimmung, die bei der Gen Babyboomer bei ~ 94 % und Gen X bei ~ 93 % liegen, hingegen Gen Z mit ~ 87 % und Gen Y mit ~ 88 % deutlich unter dem Wert der Gen Babyboomer und Gen X liegen.

Dieser deutliche Unterschied zwischen den Gen Babyboomer und Gen X auf der einen Seite und Gen Y und Gen Z auf der anderen Seite lässt vermuten, dass für die beiden jungen Generationen gesellschaftliche Wertschätzung und Anerkennung tendenziell keine so hohe Bedeutung haben wie für die beiden älteren Generationen. Für diese Annahme sprechen Forschungsergebnisse, dass bei den Generationen Y und Z die Anerkennung durch die Peergroup in den sozialen Netzwerken eine größere Rolle spielt als die Anerkennung durch die Gesellschaft. Bei den beiden älteren Generationen, die nicht in der digitalen Welt mit sozialen Netzwerken erwachsen geworden sind, scheint hingegen die Anerkennung durch die „abstrakte" Gesellschaft einen höheren Stellenwert zu besitzen. Dennoch kann insgesamt von einem Ergebnis gesprochen werden, das die Aussage generationenübergreifend über eine hohe Zustimmungsrate verfügt und damit gesellschaftliche Anerkennung und Wertschätzung von großer Bedeutung ist.

Auch die Gesamtzustimmungsquote bei Frage 5 erreicht mit ~ 97 % einen sehr hohen Wert. Frage 5 ist nach dem Berufswahlmodell, dem Bereich des Conventionals (Arbeiten in bewährten Strukturen) und Realistics (Arbeiten auf der Grundlage von Erfahrungswissen) und nach dem Commitment der behavioralen Bindung (in der Organisation arbeiten die Mitarbeitenden nach gleichen oder ähnlichen Verhaltensmustern, die auf Erfahrungswerten und gesammelten Wissen basieren) zuzuordnen.

In der 1. Stufe (trifft voll und ganz zu) zeigen sich zwar Abweichungen (Gen Z ~ 48 %; Gen Babyboomer ~44 %; Gen Y ~ 44 %; Gen X ~ 43 %), dennoch kann insgesamt von einem Ergebnis gesprochen werden, das die Aussage generationenübergreifend über eine hohe Zustimmungsrate verfügt (siehe Abb. 5.24). Der erhöhte Wert bei der Gen Z lässt sich vermutlich erneut mit der Suche nach klaren Strukturen in einer Welt, in der scheinbar „alles geht und möglich ist", erklären.

Das Ergebnis der Frage 6 zeigt eine Zustimmungsquote von ~ 83 % und ist nach dem Berufswahlmodell dem Bereich des Enterprisings (Veränderungsprozesse als Chance sehen) und nach dem Commitment der affektiven Bindung (sich mit den Werten und Zielen des Unternehmens identifizieren und bei Veränderungsprozessen aktiv eingebunden werden) zuzuordnen.

Geburtsjahr	vor 1971	1971-1985	1986-1999	nach 1999	Gesamt	vor 1971	1971-1985	1986-1999	nach 1999	Gesamt
	Baby-boomer	GenX	GenY	GenZ		Baby-boomer	GenX	GenY	GenZ	
1 Trifft voll und ganz zu	479	779	654	89	2007	44,4%	43,0%	43,6%	47,6%	43,7%
2 Trifft überwiegend zu	403	694	530	63	1690	37,3%	38,3%	35,3%	33,7%	36,8%
3 Trifft eher zu	165	287	259	22	734	15,3%	15,8%	17,3%	11,8%	16,0%
4 Trifft eher nicht zu	19	37	36	9	102	1,8%	2,0%	2,4%	4,8%	2,2%
5 Trifft überwiegend nicht zu	2	4	8	0	15	0,2%	0,2%	0,5%	0,0%	0,3%
6 Trifft gar nicht zu	1	5	9	1	17	0,1%	0,3%	0,6%	0,5%	0,4%

Abb. 5.24 Ich bin der Auffassung, dass gutes polizeiliches Handeln von Erfahrung und angesammelten Wissen profitiert. (Eigene Darstellung)

Geburtsjahr	vor 1971	1971- 1985	1986- 1999	nach 1999	Gesamt	vor 1971	1971- 1985	1986- 1999	nach 1999	Gesamt
	Baby- boomer	GenX	GenY	GenZ		Baby- boomer	GenX	GenY	GenZ	
1 Trifft voll und ganz zu	192	333	395	56	980	17,8%	18,4%	26,3%	29,9%	21,3%
2 Trifft überwiegend zu	353	586	409	58	1407	32,7%	32,3%	27,2%	31,0%	30,6%
3 Trifft eher zu	340	576	434	46	1398	31,5%	31,8%	28,9%	24,6%	30,4%
4 Trifft eher nicht zu	135	218	168	16	538	12,5%	12,0%	11,2%	8,6%	11,7%
5 Trifft überwiegend nicht zu	27	55	65	4	151	2,5%	3,0%	4,3%	2,1%	3,3%
6 Trifft gar nicht zu	20	33	22	3	80	1,9%	1,8%	1,5%	1,6%	1,7%

Abb. 5.25 Ich bin der Auffassung, dass gutes polizeiliches Handeln offen für gesellschaftliche Veränderungen und Debatten ist. (Eigene Darstellung)

Auffällig ist, dass der Wert der Stufe 1 (trifft voll und ganz zu) zwischen der Gen Z (~ 30 %) und Gen Y (~ 26 %) einerseits und Gen Babyboomer (~ 18 %) sowie Gen X (~ 18 %) andererseits deutlich auseinandergeht (siehe Abb. 5.25). Die Gesamtzustimmung liegt zwischen ~86 % (Gen Z) und ~ 82 % (Gen Babyboomer) und zeigt damit in der Gesamtschau nur kleine Abweichungen zwischen den Generationen.

Die Abweichung auf der 1. Stufe lässt sich vermutlich mit der größeren Offenheit ggü. gesellschaftlichen Veränderungen erklären, die der Gen Y und Gen Z aufgrund von Forschungsergebnissen zugeschrieben wird. Eine Rolle spielt dabei auch das Alter: In den jungen Jahren sind Menschen insgesamt Veränderungen ggü. aufgeschlossen und/oder forcieren diese aktiv, um sich z. B. auf der Suche nach der eigenen Identität ggü. den älteren Generationen abzugrenzen.

Frage 7 hat eine Gesamtzustimmungsquote von ~ 93 % und ist nach dem Berufswahlmodell dem Bereich des Conventionals (Bedürfnis nach Struktur und Normen und Werten, die Orientierung bieten) und Socials (in Kontakt mit Menschen sein wollen und dabei auf der Grundlage von Werten handeln wollen), nach dem normativen Commitment (die Werte und Normen einer Organisation akzeptieren und sich diesen ggü verpflichtet fühlen) sowie der affektiven Bindung (sich mit den Zielen und Werten der Organisation identifizieren und diese nach innen und außen vertreten) zuzuordnen.

Grundsätzlich kann man sagen, dass leitende Werte in der Organisation Polizei für alle Generationen eine hohe Bedeutung haben und Leitplanken für ein wertebasiertes Miteinander eine wichtige Rolle spielen. Diese Erkenntnisse zeigen alle quantitativen und qualitativen Forschungs-

Geburtsjahr	vor 1971	1971-1985	1986-1999	nach 1999	Gesamt	vor 1971	1971-1985	1986-1999	nach 1999	Gesamt
	Baby-boomer	GenX	GenY	GenZ		Baby-boomer	GenX	GenY	GenZ	
1 Trifft voll und ganz zu	395	566	397	56	1417	36,6%	31,2%	26,4%	29,9%	30,8%
2 Trifft überwiegend zu	368	689	518	63	1640	34,1%	38,0%	34,5%	33,7%	35,7%
3 Trifft eher zu	231	433	437	56	1159	21,4%	23,9%	29,1%	29,9%	25,2%
4 Trifft eher nicht zu	42	83	101	4	231	3,9%	4,6%	6,7%	2,1%	5,0%
5 Trifft überwiegend nicht zu	13	15	25	2	55	1,2%	0,8%	1,7%	1,1%	1,2%
6 Trifft gar nicht zu	8	15	14	2	41	0,7%	0,8%	0,9%	1,1%	0,9%

Abb. 5.26 Ich bin der Auffassung, dass gutes polizeiliches Handeln eine klare Vorstellung von den Werten, die uns leiten, voraussetzt. (Eigene Darstellung)

ergebnisse in der Polizei Berlin. Auffällig ist, dass der Wert der Stufe 1 (trifft voll und ganz zu) zwischen der Gen Babyboomer (~ 37 %) und Gen X (~ 31 %) sowie Gen Z (~ 30 %) auseinandergeht (siehe Abb. 5.26). Besonders groß ist der Abstand zwischen Gen Babyboomer (~ 37 %) und Gen Y (~ 26 %). Die Gesamtzustimmung liegt zwischen ~94 % (Gen Z) und ~ 90 % (Gen Y) und zeigt damit in der Gesamtschau nur kleine Abweichungen zwischen den Generationen.

Die Abweichungen auf der 1. Stufe zeigen, dass eine klare Vorstellung von Werten für die Gen Babyboomer (~ 37 %) vermutlich eine hohe Bedeutung hat, hingegen die anderen Generationen (Gen X bei ~ 31 % und Gen Z bei ~ 30 %) und insbesondere die Gen Y (~ 26 %) einer klaren Vorstellung von Werten nicht eine so hohe Bedeutung beimisst, wie die Gen Babyboomer. Die Abweichung lässt sich vermutlich einerseits mit den Forschungsergebnissen erklären, die der Gen Y und Gen Z tendenziell eine größere Flexibilität beim Verständnis von und im Umgang mit Regeln und Prinzipien zuschreiben. Andererseits kann auch hier das Alter in dem Sinne eine Rolle spielen, dass sich Werte erst mit dem Alter sowie Lebens- und Berufserfahrungen entwickeln.

Frage 8 hat eine Gesamtzustimmungsquote von 86 % und ist nach dem Berufswahlmodell dem Bereich des Conventionals (Bedürfnis nach Struktur und Normen und Werten, die Orientierung bieten) und Socials (in Kontakt mit den Teammitgliedern stehen und dabei auf der Grundlage von gemeinsamen Werten handeln wollen) sowie nach dem Commitment der normativen (die Werte und Normen einer Organisation/im Team akzeptieren und sich diesen ggü. verpflichtet fühlen) und der affektiven Bindung (sich mit den Zielen und Werten der Organisation identifizieren und diese im Team mitgestalten wollen) zuzuordnen.

Geburtsjahr	vor 1971 Baby-boomer	1971-1985 GenX	1986-1999 GenY	nach 1999 GenZ	Gesamt	vor 1971 Baby-boomer	1971-1985 GenX	1986-1999 GenY	nach 1999 GenZ	Gesamt
1 Trifft voll und ganz zu	268	393	363	59	1085	24,8%	21,7%	24,2%	31,6%	23,6%
2 Trifft überwiegend zu	355	598	507	56	1519	32,9%	33,0%	33,8%	29,9%	33,1%
3 Trifft eher zu	304	565	418	52	1342	28,2%	31,2%	27,8%	27,8%	29,2%
4 Trifft eher nicht zu	98	173	149	13	433	9,1%	9,5%	9,9%	7,0%	9,4%
5 Trifft überwiegend nicht zu	20	42	35	3	100	1,9%	2,3%	2,3%	1,6%	2,2%
6 Trifft gar nicht zu	19	31	23	2	77	1,8%	1,7%	1,5%	1,1%	1,7%

Abb. 5.27 Ich bin der Auffassung, dass gutes polizeiliches Handeln voraussetzt, dass wir uns im Team mit unseren Werten auseinandersetzen. (Eigene Darstellung)

Auffällig ist hier, dass der Wert der Stufe 1 (trifft voll und ganz zu) zwischen der Gen Z (~ 32 %) und Gen Babyboomer (~ 25 %), der Gen Y (~ 24 %) sowie der Gen X (~ 22 %) deutlich auseinandergeht (siehe Abb. 5.27). Die Gesamtzustimmung liegt zwischen ~89 % (Gen Z) und ~86 % (Gen Y) und zeigt damit in der Gesamtschau nur kleine Abweichungen zwischen den Generationen.

Der niedrigere Wert der Gen X auf der Stufe 1 im Verhältnis zu den anderen Generationen lässt sich vermutlich dadurch erklären, dass diese Generation aufgrund der Arbeitsmarktsituation häufig gezwungen war, als „EinzelkämpferInnen" im Rahmen einer selbständigen Tätigkeit zu agieren und ihnen dadurch eine große Selbständigkeit nachgesagt wird. Dies kann zu dem Gefühl führen, dass das Team zwar wichtig ist, aber keine so zentrale Rolle spielt, wie bei den anderen Generationen. Der höhere Wert in der 1. Stufe bei der Gen Z lässt sich vermutlich mit dem Forschungsergebnis erklären, dass die Arbeit im Team für die Gen Z eine hohe Bedeutung hat und ein Diskurs um die handlungsleitenden Werte im Team und damit im eigenen Dienstbereich eine große Rolle spielt. Es zeigt sich, dass gemeinsame Werte in einem faktisch gelebten Wertesystem in einer Gemeinschaft als Orientierungsgröße dienen und Menschen ihr Handeln danach ausrichten.[2] Dieses Forschungsergebnis konnte auch durch aktuelle Forschungsergebnisse im Polizeikontext bestätigt werden: Bei Gruppeninterviews mit Angehörigen der Gen Z bei der Berliner Bereitschaftspolizei und im Wach- und Wechseldienst von Berliner Polizeiabschnitten wurde von den Teilnehmenden immer wieder

---

[2]Vgl. Köppe (2024) S. 71 ff.

Geburtsjahr	vor 1971	1971-1985	1986-1999	nach 1999	Gesamt	vor 1971	1971-1985	1986-1999	nach 1999	Gesamt
	Baby-boomer	GenX	GenY	GenZ		Baby-boomer	GenX	GenY	GenZ	
1 Trifft voll und ganz zu	489	888	912	114	2409	45,3%	49,0%	60,8%	61,0%	52,4%
2 Trifft überwiegend zu	339	601	389	43	1373	31,4%	33,1%	25,9%	23,0%	29,9%
3 Trifft eher zu	201	263	167	18	651	18,6%	14,5%	11,1%	9,6%	14,2%
4 Trifft eher nicht zu	25	34	16	5	80	2,3%	1,9%	1,1%	2,7%	1,7%
5 Trifft überwiegend nicht zu	5	8	6	1	20	0,5%	0,4%	0,4%	0,5%	0,4%
6 Trifft gar nicht zu	6	9	4	3	23	0,6%	0,5%	0,3%	1,6%	0,5%

Abb. 5.28 Ich bin der Auffassung, dass gutes polizeiliches Handeln Selbstreflexion erfordert. (Eigene Darstellung)

die Wichtigkeit von Arbeit im Team auf Grundlage von gemeinsamen Werten betont.[3]

Frage 9 zeigt bei der Gesamtzustimmungsrate einen Wert von ~ 97 % und ist nach dem Berufswahlmodell dem Bereich des Investigativs (Bedürfnis nach Analyse, Reflektion, Lernen und Wissen ansammeln), Enterprises (Bedürfnis nach Selbstoptimierung/Optimierung einer Sache, Strukturen etc.), dem normativen Commitment (Überprüfung/Reflektion der Normen und Werte einer Organisation mit den eigenen) sowie der affektiven Bindung (sich mit den Zielen und Werten der Organisation identifizieren und diese im Kontext der eigenen Handlung/dem eigenen Verhalten und der Handlung/dem Verhalten anderer zu reflektieren) zuzuordnen.

Besonders auffällig ist, dass sich die Gen Z und die Gen Y mit ~ 61 % Zustimmung auf der 1. Stufe (trifft voll und ganz zu) deutlich von der Gen X (~ 49 %) und Gen Babyboomer (~45 %) abheben (siehe Abb. 5.28). Die Gesamtzustimmung liegt zwischen ~98 % (Gen Y) und ~ 94 % (Gen Z) und zeigt damit in der Gesamtschau nur kleine Abweichungen zwischen den Generationen.

Die Abweichungen auf der 1. Stufe lassen sich vermutlich mit Forschungsergebnissen zur Gen Y und Gen Z erklären, dass diese beiden Generationen der Selbstverwirklichung und persönlichen Weiterentwicklung eine sehr große Bedeutung zumessen und die Selbstreflektion in diesem Kontext als ein wichtiges Instrument betrachtet wird. Eine Studie in einer Polizeidirektion in Berlin unterstützt diese Erkenntnis. Hier wurde deutlich, dass insbesondere jüngere Generationen sehr offen für Reflexions-

---

[3]Vgl. Köppe/Wiese (2024): Präsentationen zu den Workshops mit Angehörigen der Gen Z bei der Bereitschaftspolizei und im Wach- und Wechseldienst (Abschnittsdienst).

prozesse sind.[4] Aber auch hier sollte das Alter als weiterer Erklärungsansatz einbezogen werden: beide Generationen befinden sich noch im Entwicklungsprozess und sind gerade dabei, Lebens- und Berufserfahrung zu sammeln. Um diese Erfahrungswerte in das Leben und den Beruf integrieren zu können, stellt die Selbstreflektion ein wichtiges Instrument dar.

Frage 10 weist eine Gesamtzustimmungsquote von ~ 98 % auf und ist nach dem Berufswahlmodell, dem Bereich des Investigativs (Bedürfnis nach Analyse, Reflektion, Lernen und Wissen ansammeln und umsetzen) und Enterprises (Bedürfnis nach Selbstoptimierung/Optimierung einer Sache, Strukturen etc.) sowie nach dem Commitment der normativen (Überprüfung/Reflektion der Normen und Werte einer Organisation mit den eigenen) und der affektiven Bindung (sich mit den Zielen und Werten der Organisation zu identifizieren und diese im Kontext der eigenen Handlung/dem eigenen Verhalten und der Handlung/dem Verhalten anderer zu reflektieren und anzupassen) zuzuordnen.

Besonders auffällig ist, dass sich die Gen Z mit ~ 65 % und die Gen Y mit ~ 63 % Zustimmung auf der 1. Stufe (trifft voll und ganz zu) deutlich von der Gen X (~ 52 %) und Gen Babyboomer (~ 51 %) abheben (siehe Abb. 5.29). Die Gesamtzustimmung liegt zwischen ~96 % (Gen Z) und ~ 98 % (Gen Y) und zeigt damit in der Gesamtschau nur kleine Abweichungen zwischen den Generationen.

Die deutliche Abweichung lässt sich auch hier vermutlich mit den Forschungsergebnissen zur Gen Y und Gen Z erklären, dass diese beiden Generationen der Selbstverwirklichung und persönlichen Weiterent-

Geburtsjahr	vor 1971 Baby-boomer	1971-1985 GenX	1986-1999 GenY	nach 1999 GenZ	Gesamt	vor 1971 Baby-boomer	1971-1985 GenX	1986-1999 GenY	nach 1999 GenZ	Gesamt
1 Trifft voll und ganz zu	549	936	939	121	2551	50,9%	51,6%	62,6%	64,7%	55,5%
2 Trifft überwiegend zu	371	622	384	42	1421	34,4%	34,3%	25,6%	22,5%	30,9%
3 Trifft eher zu	134	212	154	17	518	12,4%	11,7%	10,3%	9,1%	11,3%
4 Trifft eher nicht zu	10	28	12	2	52	0,9%	1,5%	0,8%	1,1%	1,1%
5 Trifft überwiegend nicht zu	3	2	4	0	9	0,3%	0,1%	0,3%	0,0%	0,2%
6 Trifft gar nicht zu	3	5	1	1	11	0,3%	0,3%	0,1%	0,5%	0,2%

Abb. 5.29 Ich bin der Auffassung, dass gutes polizeiliches Handeln Lernbereitschaft erfordert. (Eigene Darstellung)

---

[4]Vgl. Köppe (2024) S. 63 ff.

wicklung eine sehr große Bedeutung zumessen und Lernbereitschaft in diesem Kontext deshalb als wichtig betrachtet wird. Aber auch hier sollte das Alter als weiterer Erklärungsansatz einbezogen werden: beide Generationen befinden sich noch im Entwicklungsprozess und sind gerade dabei, Lebens- und Berufserfahrung zu sammeln. Um diese Erfahrungswerte in das Leben und den Beruf integrieren zu können, ist eine Lernbereitschaft unabdingbar.

Frage 11 zeigt in der Gesamtschau einen Wert von ~ 91 % und ist nach dem Berufswahlmodell dem Bereich des Investigativs (Bedürfnis nach Analyse, Reflektion, Lernen und Wissen ansammeln und umsetzen) und Enterprises (Bedürfnis nach Selbstoptimierung/Optimierung einer Sache, Strukturen etc.) sowie nach dem Commitment der normativen (Überprüfung/Reflektion der Normen und Werte einer Organisation mit den eigenen) und der affektiven Bindung (sich mit den Zielen und Werten der Organisation identifizieren und diese im Kontext der eigenen Handlung/dem eigenen Verhalten und der Handlung/dem Verhalten anderer reflektieren und anpassen) zuzuordnen.

Besonders auffällig ist auch hier, dass sich die Gen Z mit ~ 42 % und die Gen Y mit ~ 38 % Zustimmung auf der 1. Stufe (trifft voll und ganz zu) deutlich von der Gen Babyboomer (~ 28 %) und Gen X (~ 27 %) abheben (siehe Abb. 5.30). Die Gesamtzustimmung liegt zwischen ~94 % (Gen Y) und ~ 89 % (Gen Babyboomer) und zeigt damit auch in der Gesamtschau Abweichungen zwischen den Generationen. Hieraus lässt sich ableiten, dass das organisationale Erfordernis sein muss, zukünftig

Geburtsjahr	vor 1971	1971- 1985	1986- 1999	nach 1999	Gesamt	vor 1971	1971- 1985	1986- 1999	nach 1999	Gesamt
	Baby-boomer	GenX	GenY	GenZ		Baby-boomer	GenX	GenY	GenZ	
1 Trifft voll und ganz zu	304	493	567	79	1446	28,2%	27,2%	37,8%	42,2%	**31,5%**
2 Trifft überwiegend zu	359	606	459	52	1479	33,3%	33,4%	30,6%	27,8%	**32,2%**
3 Trifft eher zu	292	531	382	40	1247	27,1%	29,3%	25,4%	21,4%	**27,1%**
4 Trifft eher nicht zu	91	128	68	9	296	8,4%	7,1%	4,5%	4,8%	6,4%
5 Trifft überwiegend nicht zu	14	34	16	2	67	1,3%	1,9%	1,1%	1,1%	1,5%
6 Trifft gar nicht zu	11	14	8	3	37	1,0%	0,8%	0,5%	1,6%	0,8%

Abb. 5.30 Ich bin der Auffassung, dass gutes polizeiliches Handeln das regelmäßige Gespräch und Nachdenken über meine Arbeit erfordert. (Eigene Darstellung)

mehr niedrigschwellige Reflexionsräume zur Verfügung zu stellen. Hier sind insbesondere Führungskräfte gefragt, Rahmenbedingungen zu schaffen, um niedrigschwellige Reflexionsräume im eigenen Dienstbereich zu ermöglichen.

Zudem soll an dieser Stelle auch wieder darauf hingewiesen werden, dass sich die Gen Y und Z noch im Entwicklungsprozess befinden und regelmäßige Gespräche und Nachdenken offensichtlich als Unterstützung für die persönliche Entwicklung bewertet werden. **Frage 12 hat mit einer Zustimmungsquote von lediglich ~ 64 % das niedrigste Ergebnis im Teil C** und ist nach dem Berufswahlmodell auch dem Investigativ (Bedürfnis nach Analyse, Reflektion, Lernen und Wissen ansammeln und umsetzen) und Enterprises (Bedürfnis nach Selbstoptimierung/Optimierung einer Sache, Strukturen etc.) sowie nach dem Commitment der normativen (Überprüfung/Reflektion der Normen und Werte einer Organisation mit den eigenen) und der affektiven Bindung (sich mit den Zielen und Werten der Organisation identifizieren und diese im Kontext der eigenen Handlung/dem eigenen Verhalten und der Handlung/dem Verhalten anderer reflektieren und anpassen) zuzuordnen.

Auffällig sind auch hier die Unterschiede zwischen der Gen Z mit ~ 21 % und der Gen Y mit ~ 20 % Zustimmung auf der 1. Stufe (trifft voll und ganz zu), die sich deutlich von der Gen Babyboomer (~ 11 %) und Gen X (~ 14 %) abheben (siehe Abb. 5.31). Das zeigt sich auch in der Gesamtzustimmung, hier liegen die Werte zwischen ~73 %

Geburtsjahr	vor 1971 Babyboomer	1971-1985 GenX	1986-1999 GenY	nach 1999 GenZ	Gesamt	vor 1971 Babyboomer	1971-1985 GenX	1986-1999 GenY	nach 1999 GenZ	Gesamt
1 Trifft voll und ganz zu	121	254	301	39	719	11,2%	14,0%	20,1%	20,9%	15,7%
2 Trifft überwiegend zu	172	294	316	40	822	15,9%	16,2%	21,1%	21,4%	17,9%
3 Trifft eher zu	337	565	451	57	1411	31,2%	31,2%	30,0%	30,5%	30,7%
4 Trifft eher nicht zu	275	432	259	33	1002	25,5%	23,8%	17,3%	17,6%	21,8%
5 Trifft überwiegend nicht zu	91	154	116	8	370	8,4%	8,5%	7,7%	4,3%	8,1%
6 Trifft gar nicht zu	72	106	56	8	243	6,7%	5,8%	3,7%	4,3%	5,3%

Abb. 5.31 Ich bin der Auffassung, dass gutes polizeiliches Handeln Reflexion unter professioneller Anleitung (Supervision oder Coaching) braucht. (Eigene Darstellung)

(Gen Z), 71 % (Gen Y) auf der einen und ~ 61 % (Gen X) und ~ 58 % (Gen Babyboomer) auf der anderen Seite. Damit zeigen sich auch in der Gesamtschau deutliche Abweichungen zwischen den Generationen.

Hier treten die Unterschiede zwischen den Gen Z und Gen Y auf der einen Seite und Gen Babyboomer und Gen X auf der anderen Seite deutlich zu Tage. Es ist zu vermuten, dass Supervision für die beiden älteren Generationen Babyboomer und Gen X ein Instrument ist, das eher nicht als Reflexions- und Arbeitsqualitätssicherungsinstrument im Polizeikontext gesehen wird und diese Generationen die Selbstreflexion sowie das regelmäßige Gespräch und Nachdenken über die Arbeit z. B. im Kleinteam (StreifenpartnerInnen) oder Dienstgruppe bevorzugen. Eine weitere Erklärung könnte sein, dass diese beiden Generationen gelernt haben, „die Zähne zusammenzubeißen" und daher das Wahrnehmen einer professionellen Hilfe wie Supervision als „Zeichen der Schwäche" und/oder „persönliche Inkompetenz" gesehen wird. Hingegen zeigen die Werte der Gen Y und Gen Z, dass die Supervision im Polizeikontext auch als ein Instrument zur persönlichen Weiterentwicklung betrachtet wird. In den jüngeren Generationen besteht offensichtlich eine größere Offenheit zur Berufsrollenreflexion, eine große Chance für die Polizei, auf dem Weg zu einer lernenden Organisation.[5]

---

[5] Vgl. Köppe (2024).

6

Zusammenfassung der Befragungsergebnisse

6.1 Teil A: Motivation, in der Polizeibehörde zu arbeiten

Die Ergebnisse von Teil A zeigen, dass nach dem Berufswahlmodell von Holland generationenübergreifend eine klare Tendenz zum **Conventional/Social** zu erkennen ist. Dies wird durch die Ergebnisse in Teil C bestätigt. Nach dem Berufswahlmodell entspricht die Kombination Conventional/Social dem Typus, der die größte berufliche Passung für die Arbeit in einer Polizeibehörde mitbringt. Allerdings deuten die Bewertungen auf den Stufen 1 bis 3 darauf hin, dass bei der Gewichtung von Motiven Unterschiede zwischen der Gen Babyboomer und Gen X auf der einen und Gen Y und Gen Z auf der anderen Seite existieren.

Diese merklichen Unterschiede auf den Zustimmungsstufen 1 bis 3 können mit Ergebnissen aus der Generationenforschung erklärt werden. Wie beschrieben, befinden sich derzeit vier Generationen im Arbeitsprozess, die insbesondere aufgrund der Dynamik, die die Digitalisierung des

S. Köppe, B. Wiese, *Die Generationen und ihre Wertehaltungen in der Polizei*, https://doi.org/10.1007/978-3-658-49634-0_6

Alltags in den letzten 20 Jahren mit sich gebracht hat, in sehr unterschiedlichen Zeitkontexten erwachsen geworden sind. Die Dynamik der Digitalisierung hat dabei insbesondere auf die Gen Y und Z einen starken Einfluss auf die Wertebildung/Motivbildung in der prägenden Phase ausgeübt. Hinzu kommen arbeitsmarktspezifische Umstände, die die Berufswahl der vier Generationen beeinflusst haben, bzw. noch beeinflussen. So hatten die Gen Babyboomer und Gen X aufgrund der Arbeitsmarktsituation große Probleme, am Arbeitsmarkt anzukommen, hingegen die Gen Y und Gen Z vom demografischen Wandel profitiert. Während die Gen Babyboomer und Gen X nach der Devise „beruflich zu nehmen, was zu bekommen war" agieren mussten, haben die Gen Y und Gen Z das Privileg, ihre beruflichen Wünsche weitestgehend umsetzen zu können. Dennoch kann ausgehend von den Gesamtzustimmungsquoten konstatiert werden, dass die vier Generationen über das Berufswahlmodell von Holland in ihrer Motivation für eine berufliche Tätigkeit in der Polizeibehörde verbunden sind. Es wird deutlich, dass der Conventional/Social generationsübergreifend der vorherrschende Typus ist, der in der Polizeibehörde arbeitet. Dieser ist grundsätzlich in seiner Persönlichkeitsstruktur, Neigungen und Fähigkeiten für eine berufliche Tätigkeit in der Polizeibehörde geeignet. In der Konsequenz bedeutet dies, dass die Polizei schon seit Generationen gemäß dem Grundsatz von Holland „jede/r strebt in das berufliche Umfeld, das seinen/ihren persönlichen Neigungen und Fähigkeit entspricht" diesen Typus anzieht und auch für die Arbeit in der Polizei gewinnen konnte. Dabei muss allerdings berücksichtigt werden, dass die vier Generationen ihrem Zeitkontext des Erwachsenwerdens entsprechende Werte mit in die Behörde bringen, was sich auch in den unterschiedlichen Zustimmungswerten der einzelnen Generationen auf den Stufen 1 bis 3 widerspiegelt. Darüber hinaus zeigt sich in Teil A eine Tendenz zur normativen/affektiven Bindung auf die in Abschn. 6.3 näher eingegangen wird.

6.2 Teil B: Ranking von Aussagen zum Umgang miteinander

Das Ranking zeigt, dass **Offenheit und Ehrlichkeit im Umgang mitei-nander** mit einem Wert von **73 %** von sehr großer Bedeutung für Mit-arbeitenden in der Polizeibehörde sind. Auf Platz 2 wurde mit **59 % der Wunsch nach einer konstruktiven Fehlerkultur** gerankt. Dicht dahin-ter folgt mit ~ **56 %** die Aussage, in **beruflichen Angelegenheiten die Unterstützung der Führungskraft** zu erhalten. Auch dem Wunsch nach „respektvoller Kommunikation" (49 %); „Zusammenhalt im Dienst-bereich" (46 %) und „gegenseitiger Unterstützung" (42 %) wird von den Mitarbeitenden der Polizeibehörde eine hohe Bedeutung bei-gemessen.

Die Werte „Transparenz von Entscheidungen" (31 %); „Führung auf Grundlage gemeinsamer Werte" (27 %); „persönliche Akzeptanz" (26,5 %) und „Polizeiliches Handeln, das auf tradierten Werten beruht" (22 %) wurden zwar nicht so häufig benannt, aber die Anzahl von Nen-nungen, die über 1000 liegt, macht deutlich, dass diesen Aussagen auch eine besondere Bedeutung zukommt. Auffällig ist, dass die Werte teil-weise im Widerspruch zu den Ergebnissen der Teile A und C stehen. Das betrifft insbesondere die Frage 8 (gemeinsame Werte) und Frage 10 (tra-dierte Werte), die beim Ranking keine hohen Zustimmungswerte er-halten haben. Im Gegensatz dazu hat die Frage 14 (Arbeitsplatz mit Wertegerüst) im Teil A und die Frage 7 (leitende Werte für das polizei-liche Handeln) sowie Frage 8 (mit Werten im Team auseinandersetzen) im Teil C hohe Zustimmungswerte erhalten. Gleiches zeigt sich bei den Fragen 15 und 17 (Reflexion der beruflichen Rolle und Handlungen), die im Teil B sehr niedrig gerankt wurden, aber im Teil C bei den Fragen 9 und 12 auch hohe Zustimmungswerte erhalten haben. Der Wider-spruch kann aber aufgelöst werden, da der Teil B eine andere Frage- und Antwortkonstruktion besitzt, als die Teile A und C. Dadurch, dass die Umfrageteilnehmenden im Teil B nur ranken konnten, wurden sie ge-zwungen, sich für insgesamt 5 der vorgegebenen Antworten zu ent-scheiden. Das mussten sie in den Teilen A und C nicht, sondern hatten hier durch die Likert-Skala die Gelegenheit, eine vertiefende Antwort in

Bezug auf die Wertigkeit jeder der gestellten Fragen zu geben. Zudem wurden in Teil B Antworten angeboten, die in den Teilen A und C nicht offeriert wurden, aber in Teil B hochgerankt werden konnten.

6.3   Teil C: Berufsethik und Bindungsfaktoren

Die Ergebnisse von Teil C zeigen, dass alle vier Generationen grundsätzlich eine Tendenz zur im Schwerpunkt normativen/affektiven (Generation Babyboomer und Gen X) bzw. im Schwerpunkt affektiven/normativen Bindung (Gen Y und Gen Z) nach dem Personalbindungsmodell von Wolf aufweisen, wobei der erste Schwerpunkt stärker zu gewichten ist.

In der Gesamtschau zeigt sich einerseits eine generationenübergreifende Zustimmung, andererseits deuten Bewertungen auf den Stufen 1 bis 3 darauf hin, dass bei der Gewichtung Unterschiede zwischen der Gen Babyboomer und Gen X auf der einen und Gen Y und Gen Z auf der anderen Seite vorhanden sind.

Deutlich werden diese Unterschiede bei …

- der Frage nach der Sinnstiftung im Beruf
- dem Motiv, Menschen helfen zu wollen
- der Teamarbeit als bevorzugte Arbeitsform
- dem Wunsch, einen abwechslungsreichen Beruf ausüben wollen
- dem Wunsch, Karriere- und Aufstiegschancen zu haben
- der Offenheit für gesellschaftliche Veränderungen und Debatten
- der Einstellung, dass Polizeiarbeit Selbstreflexion erfordert
- der Einstellung, dass die Polizeiarbeit Lernbereitschaft erfordert
- der Einstellung, dass Polizeiarbeit regelmäßige Gespräche und Nachdenken über die Arbeit erfordert
- der Bereitschaft, eine Reflexion der Arbeit unter professioneller Anleitung durchzuführen

Hier haben die Gen Y und Gen Z in der 1. Stufe höhere Werte als die Gen Babyboomer und Gen X.

Dagegen finden sich Unterschiede bei den Gen Babyboomer und Gen X

- bei der Frage, dass Polizeiarbeit auf verbindlichen Prinzipien beruhen sollte.
- dass Polizeiarbeit gesellschaftlicher Wertschätzung und Anerkennung bedarf.
- und Polizeiarbeit eine klare Vorstellung von leitenden Werten voraussetzt.

Hier haben die Gen Babyboomer und Gen X in der 1. Stufe höhere Werte als die Gen Y und Gen Z.

Vor diesem Hintergrund lässt sich die Aussage treffen, dass die Generationen Babyboomer und Gen X im Schwerpunkt tendenziell normativ/affektiv und die Gen Y und Gen Z affektiv/normativ gebunden sind.

Diese merklichen Unterschiede lassen sich gut mit den Ergebnissen der Generationenforschung erklären, dass die hier vier betrachteten Generationen in unterschiedlichen Zeitkontexten groß geworden sind, die einen Einfluss auf die berufsethische Sichtweise und Bindungsfaktoren ausüben.

Dennoch kann insgesamt konstatiert werden, dass generationenübergreifend eine starke Basis für eine gemeinsame werteorientierte Organisationsentwicklung vorhanden ist, die auch die Basis für eine wertebasierte Zusammenarbeit bildet. Eine Erkenntnis, die insbesondere vor dem Hintergrund der Einführung des 2024 überarbeiten polizeilichen Führungsverständnisses in der PDV 100 (1.5– Führung und Zusammenarbeit) für polizeiliche Führungskräfte sehr wertvoll ist. Diese Tendenz wird durch die Ergebnisse aus Teil A bestätigt. Diese zeigen, dass die Motivationen für eine Tätigkeit in der Polizeibehörde vor dem Hintergrund des Hollandmodells generationenübergreifend als sehr ähnlich bewertet werden können.

7

Handlungsempfehlungen für die Polizei im Kontext von Recruiting und Commitment

7.1 Recruiting vor dem Hintergrund des Berufswahlmodells von Holland

Umfrageteil A zeigt, dass nach dem Berufswahlmodell von Holland im Schwerpunkt Menschen mit der C/S-Kombination in die Polizeibehörde streben und mit dieser Kombination explizit die Eignung für eine Tätigkeit in der Polizeibehörde mit sich bringen:

- CES (Conventional/Enterprising/Social) = Schutzpolizei mittlerer/gehobener Dienst
- CRS (Conventional/Realistic/Social) = Schutzpolizei mittlerer Dienst
- CSE (Conventional/Social/Enterprising) = Schutzpolizei gehobener Dienst
- CIS (Conventional/Investigative/Social) = Kriminalpolizei
- CSE (Conventional/Social/Enterprising) = Verwaltungsangestellte/r
- CES (Conventional/Enterprising/Social) = Verwaltungsjurist/-in

© Der/die Autor(en), exklusiv lizenziert an Springer Fachmedien Wiesbaden GmbH, ein Teil von Springer Nature 2025
S. Köppe, B. Wiese, *Die Generationen und ihre Wertehaltungen in der Polizei*,
https://doi.org/10.1007/978-3-658-49634-0_7

Die Buchstaben E/R/I finden sich auch in den Umfrageergebnissen, sodass auch die bei Holland benannten Kombinationen mit den Buchstaben E/R/I vertreten sind.

Hinter der C/S Kombination verbergen sich der Conventional-Typus und der Social-Typus. Der Conventional-Typus sucht nach einem Arbeitsumfeld, das Regelbasiert agiert und in vielerlei Hinsicht das Gefühl von Sicherheit und Beständigkeit vermittelt. Der Social-Typ arbeitet sehr gerne mit Menschen und verfolgt dabei das Hauptmotiv „Menschen helfen zu wollen". Wobei das Hauptmotiv vielfältig zu betrachten ist. Es reicht von „Menschen in schwierigen/krisenhaften Situationen unterstützen" bis hin zu „Menschen aus gefährlichen Situationen retten". Um auch in Zukunft bei der Nachwuchsgewinnung die Personen anzusprechen, die eine C/S-Kombination besitzen, sollten gezielt die Motivatoren aus Teil A der Befragung beim Recruting bedient werden, die hohe Werte auf den Stufen 1 bis 3 bei der Gen Y und Gen Z erreicht haben. Dazu zählen insbesondere „Sinnstiftung im Beruf", „Menschen helfen", „Teamarbeit", „sicherer Arbeitsplatz", „abwechslungsreicher Beruf" und „gute Karrieremöglichkeiten".

Beim Recruiting der Gen Z sollte beachtet werden, dass auch der Zeitpunkt eine große Rolle spielt, an dem der mögliche Nachwuchs angesprochen wird: Im Rahmen einer Studie aus dem Jahr 2021 wurde der Übergang zwischen Schule und Studium im Kontext des Berufswahlprozesses untersucht.[1] Befragt wurden Studierende, die sich zum Zeitpunkt der Befragung im 2. Studiensemester befanden. Bei der Auswahl der Studiengänge wurde sich an den sechs Persönlichkeitstypen nach Holland orientiert. Um den C-Typus zu erfassen, wurde an der Hochschule der Polizei Brandenburg eine komplette Studienkohorte befragt, die in der Mehrzahl aus Studierenden der Gen Z bestand. Gefragt wurde u. a., wann die Studierenden sich für den Polizeiberuf entschieden haben. Das Ergebnis zeigt, dass die Entscheidung bei ~ 36 % vor dem Abitur und bei 29 % mit dem Abitur getroffen wurde. Das Ergebnis weist darauf hin, dass sich beim C-Typus im Vergleich zu den anderen Typen nach Holland bereits sehr früh ein klarer Berufswunsch ausbildete.[2] Für das Re-

---

[1] Vgl. Bierbaum/Wiese (2021), S. 72.
[2] Ebd.

cruiting folgt aus diesem Ergebnis die Empfehlung, dass der „C-Nachwuchs" bereits früh, und zwar schon in der Schule, angesprochen werden sollte. Dies kann durch unterschiedliche Formate, wie z. B. Verkehrserziehungsunterricht, Einführung in die Polizeiarbeit im Rahmen von Schulprojektwochen, Angebot von Praktika in den Sommerferien u. ä. geschehen.

Bei den Recruitingmaßnahmen für den Nachwuchs sollte allerdings nicht nur die Gen Z Berücksichtigung finden, sondern auch die Gen Y mit einbezogen werden. Diese ist zwischen 1985 und 2000 geboren, d. h. die 2000 geborenen werden in 2025 das 25. Lebensjahr erreichen. Da der Zugang zur Ausbildung im mittleren Dienst und im Studium für den gehobenen Dienst bei der Berliner Polizei bis zum 40. Lebensjahr möglich ist, sollte die Gen Y beim Recruiting genauso berücksichtigt werden, wie die Gen Z. Dies ist insbesondere vor dem Hintergrund zu sehen, dass diese Generation durch ihr höheres Lebensalter neben Lebens- auch eine vielfältige Berufserfahrung mitbringt, die für die Polizei Berlin eine wertvolle Ressource darstellt. Hinzu kommt, dass diese Generation aufgrund ihrer offenen Lebenseinstellung und gesammelten Erfahrungen am Arbeitsmarkt durchaus für eine Tätigkeit innerhalb der Polizei zu gewinnen ist. Das bezieht sich nicht nur auf eine Ausbildung/Studium bei der Schutz- oder Kriminalpolizei, sondern auch auf Tätigkeiten im Wissenschafts- und Verwaltungsbereich, für die eine abgeschlossene Berufsausbildung/Studium Voraussetzung ist.

7.2 Commitment vor dem Hintergrund der Mitarbeitendenbindung von Wolf

Wie schon beschrieben wurde, bildet das Commitment die Grundlage für die Bindung von Mitarbeitenden innerhalb einer Organisation. Dabei ist es nicht von Bedeutung, ob es sich um eine gewinnorientierte Unternehmung oder eine Non-Profit-Organisation handelt. Vielmehr hängt die Entstehung des Commitments in hohem Maße von den inneren und äußeren Rahmenbedingungen der Organisation ab. Gemäß dem Grundsatz „Menschen machen Organisationen" prägen die Mitarbeitenden mit ihren Normen und Werten die Organisation und damit auch das Commitment, das in dieser Organisation vorherrschend ist. Daraus folgt im Umkehrschluss: „Ändern sich die Rahmenbedingungen der Arbeit und ändern sich die Wertvorstellungen der jetzigen sowie zukünftigen Mitarbeitenden, dann ändern sich auch die Bindungsausprägungen und die Prozesse, die zur Mitarbeitendenbindung führen".[3]

Wie erläutert, basiert die normative Personalbindung auf Normen und Werten, sowohl des Einzelnen als auch der Gesellschaft. So können gesellschaftliche Normen wie Pflichtbewusstsein gegenüber der arbeitgebenden Organisation ebenso Bindungsfaktoren sein, wie individuelle ethisch-moralische Wertvorstellungen.[4] Für Mitarbeitende kann das Gefühl von Verantwortung gegenüber innerbetrieblichen (z. B. KollegInnen) als auch außerbetrieblichen Personen (z. B. BürgerInnen) zu einer Selbstverpflichtung des Verbleibens in der Organisation führen. Gleichzeitig besteht aber auch die Erwartungshaltung, dass gemeinsame Werte und Normen eine verbindliche Gültigkeit besitzen und auf empfundener Gegenseitigkeit beruhen.[5]

Bei der affektiven Mitarbeitendenbindung setzen sich die Mitarbeitenden mit den bestehenden organisationalen Strukturen, Werten und Zielen geistig und emotional auseinander und können sich mit diesen identifizieren. Der daraus entstehende hohe Grad an Übereinstimmung führt zu einer „hoch positiv emotionalen Bindung",[6] welche zu einer großen Einsatzbereitschaft für die Organisation als solche und für die Menschen führt, die in ihr arbeiten und/oder Ziel der Tätigkeit der Organisation sind. Sie gilt daher als stärkste Wirkkraft für den Verbleib und die Leistungsbereitschaft von Mitarbeitenden und bringt damit eine hohe Sensibilität im Umgang mit den Mitarbeitenden mit sich. Ist diese nicht vorhanden, besteht die hohe Gefahr, dass Mitarbeitende z. B. aufgrund von sich verschlechternden und oder verändernden internen und externen Rahmenbedingungen, die innerliche Kündigung vollziehen und dadurch sowohl Motivation als auch Bindungsbereitschaft stark ab-

---

[3] DGFP (2014), S. 13.
[4] Vgl. ebenda, S. 21.
[5] Vgl. Wolf (2018) S. 85.
[6] Wolf (2018) S. 89.

sinken. Am Ende steht die Kündigung und wenn das aus rationalen Gründen nicht möglich ist, eine stark absinkende Leistungsbereitschaft, häufig verbunden mit immer wiederkehrenden Krankheitszeiten. Deshalb gilt der Grundsatz, dass Mitarbeitendenbindung ein Bestandteil der Unternehmenskultur sein muss, damit sowohl die normative als auch eine affektive Bindung wirken kann.[7]

Ein tiefer gehender Blick in die Umfrageergebnisse zeigt zwar einerseits, dass generationenübergreifend eine Tendenz zur normativen/affektiven Bindung vorhanden ist, andererseits aber auch, dass in den Zustimmungsstufen 1 bis 3 teils deutliche Unterschiede zwischen der Gen Babyboomer und Gen X auf der einen und der Gen Y und Gen Z auf der anderen Seite zu verzeichnen sind. Diese deuten darauf hin, dass die Gen Babyboomer und Gen X eher tendenziell normativ/affektiv gebunden sind, hingegen die Gen Y und Gen Z eher eine Tendenz zur affektiven/normativen Bindung besitzen. Vor diesem Hintergrund ist zu konstatieren, dass die beiden Bindungsfaktoren normativ und affektiv, unabhängig von der Generationenzugehörigkeit, hohe Anforderungen an die Polizei als Organisation stellt. Deshalb sollte ein erfolgreiches Bindungsmanagement von den folgenden drei zentralen Organisationsinstitutionen betrieben werden: der Unternehmens-/Organisationsführung (Polizeipräsidentin/Polizeipräsident, Direktionsleitungen, Stabsleitungen), den Führungskräften (gD und hD) sowie dem Personalmanagement (Verwaltung).

Die Unternehmensführung ist dabei für die (Weiter-)Entwicklung einer Unternehmens-/Organisationskultur verantwortlich. Vor dem Hintergrund der normativen/affektiven Bindung der Mitarbeitenden in der Polizei ist es daher von sehr großer Wichtigkeit, den eingeschlagenen Weg, sich generationen- und hierarchieübergreifend mit den Normen und Werten in der Polizei auseinanderzusetzen, zu verstetigen bzw. zu institutionalisieren. Um dieses Ziel zu erreichen, sollte mit dienststellen-; generationen- und hierarchieübergreifenden Dialogformaten gearbeitet werden. Diese können dabei helfen, das Verständnis für das vorhandene und auszubalancierende Spannungsverhältnis zwischen vielfältigen Werten und Normen einerseits und organisationaler Erfordernisse anderer-

---

[7] Vgl. Wolf (2018) S. 84 ff.

seits darzustellen und Wege aufzeichnen, wie es gelingen kann, die normativen und affektiven Bindungsfaktoren zu stärken. Diese Dialogräume ermöglichen Diskurse um gemeinsame handlungsleitenden. Der intergenerationale Austausch zwischen Mitarbeitenden und Führungskräften in den Dienststellen dient vor allem dazu, eine Form der Verbindlichkeit darüber zu schaffen, welche handlungsleitenden Werte in den jeweiligen Dienststellen und Dienstbereichen als Leitplanken des Miteinanders gelten.[8] Die Individualität der eigenen Dienststelle muss hier Berücksichtigung finden, da es teils große subkulturelle Unterschiede gibt (Abschnitt/ Revier versus Kommissariat versus Stabsbereich versus Bereitschaftspolizei versus Spezialkräfte etc.). Hier sind die Führungskräfte gefragt, entsprechende Rahmenbedingungen zu schaffen, damit der polizeiliche Wertediskurs (PWD)[9] gelingen kann. Dieser Prozess bildet den Schlüssel, die normativen und affektiven Bindungsfaktoren herauszuarbeiten und in der Organisationskultur der Polizei zu verankern.

Das zweite zentrale Organisationselement für ein erfolgreiches Bindungsmanagement ist die Führungsebene. Es gilt der Merksatz „Mitarbeitendenbindung ist Führungsaufgabe!" Wie stark der Einfluss auf Mitarbeitendenbindung durch Führungskräfte ist, konnte in zahlreichen Studien nachgewiesen werden. In der Praxis zeigt sich problematisches Führungsverhalten z. B. durch hohe Fluktuation und hohen Krankenstand und im schlimmsten Fall durch starke Demotivation, die häufig mit einer inneren Kündigung einhergeht. Dem gegenüber führt mitarbeitendenorientiertes Führungsverhalten zu sinkendem Krankenstand, weniger Fluktuation und erhöhter Motivation. Daraus folgt, dass Führungskräften eine außerordentlich starke Schlüsselfunktion bei der normativen und affektiven Bindung zukommt.

Deshalb ist es auch notwendig, Führungskräfte bei dieser Aufgabe in vielerlei Hinsicht zu unterstützen. Das beginnt mit einer gezielten Auswahl von geeigneten zukünftigen Führungskräften, wie es bereits im Rahmen Nachwuchsführungskräfteprogrammes umgesetzt wird. Für die schon in Amt befindlichen Führungskräfte ist es wichtig, Seminare zur Weiterentwicklung der Führungskompetenzen anzubieten, die inhalts-

---

[8] Vgl. Köppe (2024) S. 93.
[9] Ebd. S. 89 ff.

und auch zeitbezogen, verpflichtend sein sollten, wie z. B. zu neuen Erkenntnissen in der polizeilichen Führungswissenschaft. Wenn nicht bereits implementiert, sollten Führungskräftecoachings, Mentoring für junge Führungskräfte und kollegiale Fallberatung als Unterstützung für schwierige Problemstellungen mit Mitarbeitenden eingeführt werden. Darüber hinaus ist es wichtig, Führungskräfte über Instrumente und Methoden zu schulen, die es ihnen ermöglichen, mit den Mitarbeitenden in den Dialog zu treten und systematisch von den Erfahrungen der Anderen zu lernen (sog. Erfahrungslernen). Im Kontext des Generationen- und Wertewandels wäre so auch die Entwicklung von intergenerationalen Kompetenzclustern d. h. das Zusammenfügen der unterschiedlichen Kompetenzen der vier Generationen zu einem Cluster, das dabei hilft, die Polizeiarbeit effizienter und effektiver zu gestalten, möglich. Dieses Kompetenzcluster kann gezielt im Rahmen von Dialogformaten aufgebaut werden, in denen bewusst die Frage gestellt wird, was jede Generation mitbringt und wie diese Kompetenzen für eine höhere Qualität der Arbeit und besseren Zusammenarbeit genutzt werden können.

Als drittes und letztes Organisationselement bildet das Personalmanagement eine sehr wichtige Unterstützungseinheit für eine an den Bindungsfaktoren orientierte Organisationsentwicklung. Dabei sollte das Personalmanagement, sofern das nicht schon der Fall ist, als Vorschlags-, Umsetzungs- und Organisationsinstanz für weitere Möglichkeiten/Ideen in Bezug auf eine gelungene normative und affektive Mitarbeitendenbindung dienen.

Die oben beschriebenen Ansätze spiegeln eine wertebasierte Führung und Organisationsentwicklung wider, wie sie die PDV 100 1.5 definiert. Sie zeigen zudem auf, wie die Umsetzung dieses neuen polizeilichen Führungsverständnisses in praktisches Führungshandeln aussehen kann. Der polizeiliche Wertediskurs (PWD) im Rahmen eines polizeispezifischen Generationendialogs spielt hierbei eine zentrale Rolle.[10]

---

[10] Vgl. Köppe/Wiese (2024).

8

Wertehaltungen der Generationen in der Polizei – Polizeispezifische Erkenntnisse

Im Folgenden sollen generationenspezifische Zuschreibungen, die sich aus der Generationenforschung und aus den Ergebnissen der quantitativen und qualitativen Forschung der Autoren ableiten lassen, dargestellt und interpretiert werden, um Zusammenhänge und Generationenspezifika im Kontext des Polizeiberufs sichtbar zu machen. Diese haben keinen abschließenden Charakter, sondern sollen vor allem der Einordnung polizeispezifischer Besonderheiten im Generationenkontext dienen.

8.1 Generation Babyboomer in der Polizei

Da diese Generation bis ca. 2035 durch Verrentung oder Pensionierung die Polizeibehörden verlassen wird, geht es bei dieser Generation insbesondere um den Erhalt und die Wiederherstellung der Berufsmotivation. Für diese Generation spielt gerade wegen ihrer langen Zugehörigkeit zur Polizei die Wertschätzung und Anerkennung ihrer Lebens- und Berufserfahrung eine große Rolle. Vor diesem Hintergrund schätzt diese Generation es sehr, wenn ihre Erfahrung und ihr Engagement anerkannt werden, sie ihr Erfahrungswissen weitergeben können und sie in

S. Köppe, B. Wiese, *Die Generationen und ihre Wertehaltungen in der Polizei*, https://doi.org/10.1007/978-3-658-49634-0_8

Organisationsentwicklungsprozesse eingebunden werden. Darüber hinaus ist ihnen ein respektvoller Umgang mit ihrem Erfahrungswissen und das Festhalten an bewährten Normen, Werten und Strukturen von großer Bedeutung. Sie möchten in Entscheidungsprozesse eingebunden werden und dort ihre Erfahrungen und Ideen einbringen. Dabei sind ihnen eine offene Kommunikation und das Einholen ihrer Meinung sehr wichtig.

Sie sind bereit, ihr Lebens- und Erfahrungswissen an die jüngeren Generationen weiterzugeben und haben eine teils langjährige polizeiliche Einsatzerfahrung zu bieten. Deshalb sollte dieses Wissen systematisch abgefragt und genutzt werden. Dies kann durch bewährte Formate, wie z. B. „BärenführerInnen" oder Mentoringprogramme für junge Mitarbeitende und Führungskräfte initiiert und umgesetzt werden. Die oftmals vorherrschende Meinung, dass die Gen Babyboomer nicht bereit ist, von den jüngeren Generationen in der Polizei zu lernen, konnte im Rahmen der Generationenforschung in der Polizei nicht verifiziert werden und scheint ein Vorurteil zu bleiben.

Aufgrund Ihres umfangreichen Erfahrungswissens und der grundlegenden Bereitschaft, weiter zu lernen, freuen sich Angehörige dieser Generation über Weiterbildungsangebote, um ihre Fähigkeiten zu erweitern und „am Puls der Zeit" zu bleiben. Diese Möglichkeit sollte für Angehörige dieser Generation weiterhin angeboten werden.

Der Schaffung von modernen Reflexionsräumen und Dialogformaten in der Polizei (Coaching, Supervision, kollegiale Fallberatung etc.) steht diese Generation allerdings kritischer gegenüber, als jüngere Generationen. Das hat gute Gründe: Eine offene Fehlerkultur innerhalb der Polizei unterliegt bei strafrechtlich relevanten Fehltritten rechtlichen Zwängen (z. B. Legalitätsprinzip). Unabhängig davon war und ist sie schlichtweg bis heute in den Polizeibehörden nicht akzeptiert und erst recht nicht implementiert. Fehler werden deshalb oftmals als Schwäche gesehen, die die unter diesen Voraussetzungen innerpolizeilich sozialisierte Gen Babyboomer ungern offenlegt. Dies hat mit dem sehr ausgeprägten Konkurrenzdenken innerhalb dieser Generation zu tun. Es gilt innerhalb der Gen Babyboomer als hilfreich, sich unter „vielen anderen dieser Generation" durchsetzen zu können und so die Chancen auf einen beruflichen Aufstieg innerhalb der Polizei zu erhöhen. Gerade in kommunikativen dienstlichen Diskursen kann dies sichtbar werden, wenn Angehörige dieser Generation auf ihrem eigenen Standpunkt verharren. In diesem Kontext spielen der Dienstgrad und die Amtshierarchie für diese Generation eine große Rolle. Ein höherer Dienstgrad und damit einhergehende Entscheidungen werden unabhängig von vorhandenen Kompetenzen der jeweiligen Personen seltener hinterfragt und eher grundsätzlich akzeptiert, als dies in anderen Generationen innerhalb der Polizei der Fall ist. Insbesondere in den Führungspositionen kann dies beobachtet werden, da diese Generation zumeist noch in den Spitzenämtern der Polizeibehörden vertreten ist. Gerade im höheren Dienst spielt die Amtshierarchie und die damit verbundenen Entscheidungskompetenzen für diese Generation eine übergeordnete Rolle.

Die Gen Babyboomer in der Polizei sieht dienstliche Beförderungen als „Belohnung" für ihren langen Einsatz und Tätigkeit in der Polizeibehörde. Diese Form der Anerkennung ist für die eigene Berufsmotivation dieser Generation ein entscheidendes Kriterium. Beförderungsoptionen sollten deshalb auch vor diesem Hintergrund betrachtet werden, ansonsten besteht die Gefahr, dass Angehörige dieser Generation sich nicht ausreichend wertgeschätzt fühlen und in eine Gratifikationskrise geraten, die zu einer inneren Kündigung führen kann. Konsequenz ist dabei häufig, dass die Motivation weitestgehend gebrochen und die betroffene Person zur „MinderleisterIn" wird, die nur noch „Dienst nach Vorschrift" macht und die Tage bis zur Verrentung/Pensionierung „herunterzählt".

8.2   Generation X in der Polizei

Die Gen X hat sich sehr gut in die Polizeibehörde integriert und etabliert. Sie ist mittlerweile zahlreich in den Führungspositionen im gehobenen und höheren Dienst aufgerückt. Sie löst aktuell die Gen Babyboomer in den hohen Führungspositionen im höherer Dienst ab. Da diese Generation noch lange im Arbeitsprozess sein wird und aufgrund ihres Alters auch Perspektiven außerhalb der Berliner Polizeibehörde haben dürfte, sollte bei dieser Generation der Schwerpunkt auf die Bindung gesetzt werden. Vor diesem Hintergrund sollten folgende Punkte beachtet werden:

Auch für diese Generation ist Wertschätzung und Anerkennung ihrer Arbeitsleistung von sehr großer Bedeutung. Deshalb sollten sie ein regelmäßiges Feedback erhalten, das die Anerkennung und Wertschätzung ihrer Leistungen zum Inhalt hat. Im Umgang schätzen sie Transparenz, Ehrlichkeit, eine offene Kommunikation und das Pflegen einer Fehlerkultur. Es ist für sie von großer Wichtigkeit, sich mit ihren Ideen einbringen zu können nach ihrer Meinung/Einschätzung gefragt zu werden und bei Entscheidungsprozessen mit eingebunden zu sein. Aufgrund ihrer in der beruflichen Anfangsphase vorhandenen Schwierigkeit, am Arbeitsmarkt anzukommen, legen sie großen Wert auf einen sicheren Arbeitsplatz und langfristige Perspektiven, insbesondere in Bezug auf Aufstiegschancen. Hier sollten Führungskräfte den Dialog mit dieser Generation suchen und mit innerpolizeiliche Karriereoptionen durchsprechen.

Als Führungskräfte befinden sich Angehörige der Gen X in der klassischen „Sandwichposition". Neben tradierten Erwartungshaltungen der übergeordneten Führungskraft aus der Gen Babyboomer gilt es für die Gen X die Erwartungshaltungen der jüngeren Generationen Y und Z mit den dienstlichen Erfordernissen, aber vor allem intergenerationalen Wertehaltungen auszutarieren und letztlich tragbare Vereinbarungen zu treffen. Diese Aushandlungsprozesse sind wichtig, um den intergenerationalen Dialog zwischen Mitarbeitenden und Führungskräften in den Dienststellen niedrigschwellig und erfolgreich zu gestalten.

Die Generation X in der Polizei gilt als eine Generation, die motiviert ist, sich weiterzuentwickeln, Ihnen sollte hier entsprechende Fort- und Weiterbildung angeboten werden. Die berufliche Qualifikation geht in Teilen auch mit einer persönlichen Akademisierung einher. Viele Angehörige der Generation X studieren oder studierten berufsbegleitend, um sich weiter zu qualifizieren. Diese erworbenen Kompetenzen werden in den Polizeibehörden leider noch nicht ausreichend erkannt und genutzt. Hier entstehen neue Herausforderungen, aber auch Chancen, die die Polizeibehörden nutzen sollten. Da die Generation X die erste Generation ist, die Work-Life-Balance, d. h. Maßnahmen, die eine gesunde Balance zwischen Beruf und Privatleben unterstützen, als relevant versteht, sollte dieser Generation, wenn nicht bereits umgesetzt, flexible Arbeitszeiten und Home-Office-Optionen angeboten werden. So entsteht die Möglichkeit, Beruf und Privatleben gut zu vereinbaren, was die Bindung an die Polizeibehörde stärkt.

8.3 Generation Y in der Polizei

Die Gen Y ist mittlerweile in der Polizeibehörde angekommen und hat sich etabliert. Sie rückt gerade auf die Führungspositionen im gehobenen und höheren Dienst auf, die von der Gen X freigemacht werden, da diese gerade in die nächsthöheren Positionen vorrücken, die die Babyboomer durch Verrentung und Pensionierung verlassen. Da die Gen Y sich in einem Alter befindet, in dem es nicht selten ist, den Beruf oder den Arbeitsplatz zu wechseln und diese Generation dies auch häufig praktiziert, sollte der Schwerpunkt auf Bindungsfaktoren gesetzt werden.

Die Gen Y in der Polizei sucht nach einer sinnstiftenden Arbeit. Ihr ist es wichtig, einen positiven Beitrag für die Gesellschaft zu leisten. Deshalb ist es wichtig, ihr die Botschaft zu übermitteln, dass die Polizei sich als Institution versteht, die durch ihren Arbeitsauftrag sowohl Sinnstiftung als auch eine Beitragsleistung für die Gesellschaft ermöglicht. Die Gen Y bevorzugt ein Umfeld, in dem sie eigenverantwortlich arbeiten und selbstständig handeln können. Dabei erwarten sie ein regelmäßiges, konstruktives Feedback sowie Anerkennung und Wertschätzung ihrer Leistungen. Darüber hinaus spielen für sie Transparenz, Ehrlichkeit und Mitbestimmungsmöglichkeiten bei wichtigen Entscheidungen eine sehr große Rolle. Zudem schätzen sie eine offene, inklusive und wertschätzende Unternehmenskultur, die Vielfalt fördert.

Insgesamt spricht sie ein innovatives Arbeitsumfeld an, indem sie sich aktiv mit ihren Ideen einbringen können und die Nutzung moderner Technologien eine Selbstverständlichkeit ist. Diesen Punkten sollte daher sehr viel Aufmerksamkeit gewidmet und umgesetzt werden, gerade bei Fragen der Digitalisierung in der Polizei. Da diese Generation sich gerne weiterentwickeln möchte, erwarten sie Karriere- und Weiterbildungsangebote sowie klare Entwicklungsperspektiven. Die Polizeibehörden sollten daher entsprechende Fort- und Weiterbildungsangebote zur Verfügung stellen und zusammen mit den Angehörigen der Gen Y Qualifizierungsoptionen entwickeln. Eine originäre Aufgabe für die polizeilichen Führungskräfte, für deren organisationale Rahmung seitens der Polizeibehörden gesorgt werden muss (z. B. Möglichkeiten des Karrierecoachings etc.). Dieser Aspekt hat in den letzten Jahren an Bedeutung gewonnen, da diese Generation noch ausgeprägter als die Gen X offensiv nach Qualifizierungsmaßnahmen außerhalb der Polizeibehörden sucht. Berufsbegleitende Studiengänge, die selbst finanziert werden, sind deshalb keine Seltenheit. Daraus resultierend entsteht eine Erwartungshaltung an eine weiterführende Karriere und der Nutzung der erworbenen eigenen Kompetenzen im polizeilichen Berufsfeld. Nicht selten stehen hier Führungskräfte vor der Frage: Wie können wir den Einzelnen amtsangemessen innerhalb der Polizei fördern? Wo und wie können wir die Mitarbeitenden mit hohen fachlichen Kompetenzen einsetzen, wenn doch der Dienstgrad zu „klein" und nicht passend zur zu besetzenden Stelle ist. Hier ist es in den Polizeibehörden erforderlich umzudenken und das jeweilige Laufbahnrecht deutlich flexibler zu gestalten, um diese Generation nicht zu verlieren. Für die Gen Y wie für die Gen X gilt die Umsetzung einer Work-Life-Balance als sehr relevant; allerdings mit einem größeren Anspruch, als sie von der Gen X erwartet wird. Bei ihr geht es nicht nur um flexible Arbeitszeiten und Home-Office-Optionen, sondern auch um Arbeitszeitverkürzung, z. B. 30 Std./Woche statt 40 Std./Woche. Dies ist bei der vorhandenen Aufgabenlast der Polizei eine große Herausforderung, da innovative und flexible Arbeitszeitmodelle immer im Spannungsverhältnis zu wachsenden polizeilichen Aufgaben und sinkenden Personalbeständen stehen werden. Ein Ausgleich widerstreitender Interessen zwischen Führungskräften und Mitarbeitenden der Gen Y kann hier nur mit viel Kommunikation und Transparenz erfolgreich gestaltet werden. Da dies aber eine große Gewichtung bei der Gen Y hat, sollte hier polizeibehördlicherseits versucht werden, unter Voraussetzung der vorhandenen Möglichkeiten und Rahmenbedingungen, entsprechende Angebote zu machen.

Die Gen Y zeigt sich im Bereich der Führung als eine innovative Generation, die neben der Bereitschaft neue Wege zu gehen, auch das tradierte in der Polizei schätzt. Hier haben in den letzten Jahren offensichtlich Anpassungsprozesse, insbesondere auf der Führungsebene stattgefunden.

Interessant gestaltet sich hier der Blick der Gen Y auf die sich gerade in die Polizei integrierende Gen Z als potenziell nachgeordneten Mitarbeitenden: in qualitativen Studien[1] zeigt die Gen Y einen eher kritischen Blick auf die junge Gen Z. Insbesondere die Einstellungen zum Beruf und das Empfinden eher eine „Life-Life-Balance" als berufsethische Einstellungen zu leben und dadurch nicht bereit zu sein, polizeiorganisationale Erfordernisse im Arbeitsalltag ausreichend zu berücksichtigen und notwendige Zugeständnisse zu machen, wurde von der Gen Y kritisch angemerkt. Diese kritische Sichtweise auf die Gen Z lässt sich vermutlich dadurch erklärt werden, dass Führungskräfte der Gen Y mit dem Aufstieg in die Führungspositionen gleichzeitig einen Rollenwechsel vollzogen haben, der ihren Blickwinkel merklich verändert und sie als Konsequenz ihr Handeln an die Erfordernisse einer Führungskraft in einer Polizeibehörde angepasst haben.

8.4   Generation Z in der Polizei

Die Generation Z kommt aktuell nach Ausbildung und Studium in den polizeilichen Dienststellen an. Die ersten dieser Generation haben schon Berufserfahrung in der Polizeibehörde gesammelt. In naher Zukunft werden sich Angehörige dieser Generation für Führungskräftequalifizierungsprogramme bewerben und erste Erfahrungen mit Positionen mit Führungsfunktionen machen.

Da diese Generation, genauso wie die Gen Y, auf der Suche nach einer sinnstiftenden Arbeit ist und einen positiven Beitrag für die Gesellschaft leisten möchte, ist es wichtig, auch ihr die Botschaft zu übermitteln, dass die Polizei sich als Institution versteht, die durch ihren Arbeitsauftrag sowohl Sinnstiftung als auch eine Beitragsleistung für die Gesellschaft ermöglicht. Diese Gründe für die Berufswahl können in der polizeipraktischen Berufsgestaltung einen entscheidenden Bindungsfaktor darstellen.

---

[1] Führungskräfteworkshops mit der Gen Y in mehreren Bundesländern (Berlin, Brandenburg, Mecklenburg-Vorpommern, Schleswig-Holstein).

Die Gen Z gilt als sehr motiviert, sich weiterzuentwickeln. Sie erwarten Karriere- und Weiterbildungsangebote sowie klare Entwicklungsperspektiven. Die Polizeibehörden sollte daher auch für diese Generation entsprechende Fort- und Weiterbildungsangebote zur Verfügung stellen und zusammen mit den Angehörigen der Gen Z klare Entwicklungsperspektiven erarbeiten (z. B. Karrierecoachings). Man kann davon ausgehen, dass die Gen Z genauso wie die Gen X und Gen Y intrinsisch motiviert ist, sich durch ein berufsbegleitendes im Studium weiter zu qualifizieren sowie den Anspruch hat, dass diese Kompetenzen gewinnbringend und sinnstiftend in den Arbeitsalltag integriert und hinsichtlich der eigenen Karriereentwicklung für sie positiv berücksichtigt werden. Hier wird deutlich, welche Herausforderungen an die polizeiliche Führung und Organisation im Hinblick auf Führung und Personalmanagement, insbesondere im Bereich der Personalentwicklung zukommen. Offen bleibt hier, wie es den im Kern bürokratisch organisierten und hierarchiegeprägten Polizeibehörden gelingt, diesen Ansprüchen gerecht zu werden.

Die Gen Z in der Polizei schätzt Ehrlichkeit, Transparenz, eine offene Kommunikation und den Einbezug bei wichtigen Entscheidungen. Sie ist es durch ihre schulische und familiäre Sozialisation gewohnt, bei Entscheidungen eingebunden zu werden. Das gilt auch im Kontext der polizeilichen Arbeit. Sie erwarten ein regelmäßiges, konstruktives Feedback sowie Anerkennung und Wertschätzung für ihre Arbeit. Dazu kommen Fairness im Umgang und eine Führung auf Augenhöhe, die eine klare Struktur und klaren Anweisungen beinhaltet. Diese Punkte sollten unbedingt von Führungskräften beachtet werden. Eine Beteiligung bei Entscheidungsprozessen steht hier nicht im Gegensatz zu klaren Führungsentscheidungen und einem (wenn nötig) dirigierenden Führungsstil. Hier können Angehörige der Gen Z sehr gut unterscheiden, ob es um das tägliche Miteinander in der Dienststelle geht oder um eine Einsatzsituation, die eine klare und dirigierende Führung erfordert (z. B. Einsätze in der Bereitschaftspolizei).[2]

Darüber hinaus hat für diese Generation Work-Life-Balance eine sehr große Bedeutung. Für sie ist es sehr wichtig, genug Zeit mit Freunden und Familie verbringen zu können. Der Spaß an der Arbeit kann sich

---

[2] Erkenntnisse aus Workshops mit der Gen Z in der Berliner Bereitschaftspolizei.

hier im polizeilichen Kontext durch ein gutes und kollegial-freundschaftliches Miteinander definieren. Ein gutes Team und ein gutes Miteinander in der Dienststelle machen den Arbeitsplatz für die Gen Z attraktiv. Dies führt dazu, dass arbeitszeitspezifische Belastungen im polizeilichen Arbeitskontext (Alarmdienste, Nachtdienste, Wochenend-dienste etc.) hingenommen werden.

Die Gen Z in der Polizei erwartet flexible Arbeitszeiten, Arbeitszeitver-kürzungen bis hin zur 4-Tage-Woche und die Möglichkeit, auch im Ho-meoffice arbeiten zu können. Hier wird deutlich, dass es der Gen Z wich-tig ist, den „polizeilichen Arbeitsrahmen" mit den privaten Ansprüchen ganz individuell zu vereinbaren. Dieses sollte bestmöglich bei der Dienst-planung beachtet werden. Alarmdienste gelten als nicht attraktiv, werden aber hingenommen, wenn die Rahmenbedingungen des Miteinanders in den Dienststellen stimmen. Hier spielt eine offene und ehrliche Kommu-nikation auf Augenhöhe zwischen den Führungskräften und Mit-arbeitenden der Gen Z eine bedeutende Rolle. Da die Gen Z mit digita-len Medien aufgewachsen ist, sollten moderne Technologien und digitale Tools im Arbeitsalltag integriert und die Fähigkeiten der Gen Z mit den digitalen Medien umzugehen, bewusst genutzt werden. Polizeiliche Digitalisierungsprozesse im Hinblick auf die Entwicklung von Apps für den täglichen Dienst müssen weiter gefördert werden, um ein für die Gen Z technisch attraktives Arbeitsumfeld zu schaffen.

9

Zusammenfassung und Ausblick

Die Polizeibehörden stehen aufgrund des demografischen Wandels vor großen Herausforderungen. Die Generation Babyboomer geht in den Ruhestand und die Generationen X und Y übernehmen deren Führungs- und Funktionsverantwortungen. Schon die Ankunft der Generation Y brachte einen deutlich spürbaren Wertewandel in den Polizeidienststellen mit sich. Mit der Generation Z etabliert sich jetzt eine Generation in der Polizei, deren Wertehaltung sich teils deutlich von denen der drei Vorgängergenerationen abhebt.[1] Das führt einerseits zu Konflikten, andererseits erzeugt diese Wertevielfalt neue Kompetenzen (z. B. im Umgang mit digitalen Medien), die im Dienstalltag gezielt genutzt werden können, um die Polizeiarbeit den neuen Herausforderungen anzupassen, denen die Polizei von außen und innen ausgesetzt ist. Vor diesem Hintergrund wurde eine Mitarbeitendenumfrage konzipiert, die darauf abzielte, grundlegende Wertehaltungen in den Bereichen „Berufsmotivation", „Erwartungen an Führungskräfte" und „Haltungen zu berufsethischen Grundlagen" bei den Mitarbeitenden der Berliner Polizei abzufragen. An der Umfrage nahmen von insgesamt 27.367 Mitarbeitenden 4594 teil,

---

[1] Vgl. Köppe/Wiese (2024).

© Der/die Autor(en), exklusiv lizenziert an Springer Fachmedien Wiesbaden GmbH, ein Teil von Springer Nature 2025
S. Köppe, B. Wiese, *Die Generationen und ihre Wertehaltungen in der Polizei*,
https://doi.org/10.1007/978-3-658-49634-0_9

was rund 17 % entspricht. Ca. 80 % der Teilnehmenden stammten aus dem Bereich des Polizeivollzugsdienstes.

Die Auswertung der Umfrageteile A und C fanden vor dem Hintergrund des Generationenmodells, des Berufswahlmodells nach Holland und dem theoretischen Hintergrund der vier Ebenen der Personalbindung nach Wolf (Rationale Bindung/Emotionale Bindung/Normative Bindung/Verhaltensorientierten Bindung) statt. In Teil A sollte im Schwerpunkt die Frage beantwortet werden, ob das Antwortverhalten eher die Wertehaltungen der jeweiligen Generation widerspiegelt oder ob der Ansatz der Berufswahltheorie von Holland, dass jeder Mensch in ein berufliches Umfeld strebt, welches seinen Neigungen und Fähigkeiten entspricht, das Hauptmotiv für eine berufliche Tätigkeit in der Polizeibehörde darstellt. Im Teil C sollte im Schwerpunkt die Frage geklärt werden, welche der vier Ebenen der Personalbindung nach Wolf tendenziell bei der Polizei Berlin überwiegen.

Die Ergebnisse von Teil A zeigen, dass nach dem Berufswahlmodell von Holland generationenübergreifend eine klare Tendenz zum Conventional/Social zu erkennen ist. Nach dem Berufswahlmodell entspricht die Kombination Conventional/Social dem Typus, der die größte berufliche Passung für die Arbeit in der Polizeibehörde mitbringt. Allerdings deuten die Bewertungen auf den Stufen 1 bis 3 darauf hin, dass bei der Gewichtung von Motiven Unterschiede zwischen der Gen Babyboomer und Gen X auf der einen und Gen Y und Gen Z auf der anderen Seite existieren. Diese Unterschiede spielen insbesondere für das Recruiting eine bedeutende Rolle. Vor diesem Hintergrund wurde diese Thematik in Kap. 7 explizit aufgegriffen und Empfehlungen für das Recruiting der Gen Y und Z gegeben. Dennoch kann ausgehend von den Gesamtzustimmungsquoten konstatiert werden, dass die vier Generationen über das Berufswahlmodell von Holland in ihrer Motivation für eine berufliche Tätigkeit in der Polizeibehörde verbunden sind. Eine bemerkenswerte sowie zugleich gewinnbringende Feststellung, die dem Ziel einer verbindenden generationenübergreifenden Zusammenarbeit in der Polizei ein gutes Fundament gibt.

Die Ergebnisse von Teil C zeigen, dass alle vier Generationen grundsätzlich eine Tendenz zur normativen/affektiven bzw. affektiven/normativen Bindung nach dem Personalbindungsmodell von Wolf aufweisen und damit eine starke Basis für eine gemeinsame werteorientierte Organisationsentwicklung vorhanden ist. In der Gesamtschau zeigt sich auch hier einerseits eine generationenübergreifende Zustimmung, andererseits deuten Bewertungen auf den Stufen 1 bis 3 darauf hin, dass bei der Gewichtung von Werten Unterschiede zwischen der Gen Babyboomer und Gen X auf der einen und Gen Y und Gen Z auf der anderen Seite vorhanden sind. Daher wurden in Kap. 8 neben generationenübergreifenden Erkenntnissen zu den Generationen in der Polizei auch generationenspezifische Bindungsfaktoren im polizeilichen Kontext herausgearbeitet.

Die Befragungsmethodik von Teil B unterscheidet sich fundamental von der Methodik, die in den Teilen A und C angewendet wurde. Während hier mit einer Likert-Skala von 1 bis 6 gearbeitet wurde, sollte in Teil B ein Ranking der vorgegebenen Aussagen erstellt werden. Die Teilnehmenden der Umfrage konnten aus 17 Aussagen die für sie fünf Wichtigsten auswählen: Das Ranking zeigt mit einem deutlichen Anteil von 73 %, dass Offenheit und Ehrlichkeit im Umgang miteinander einen sehr hohen Wert für Mitarbeitende in der Polizeibehörde darstellen. Auf Platz 2 wurde mit 59 % der Wunsch nach einer konstruktiven Fehlerkultur gerankt. Beides hängt hier sicherlich miteinander zusammen und zeigt deutlich, wie wichtig diese Themenfelder für die Mitarbeitenden in der polizeilichen Organisationskultur sind. Im Bereich der Fehlerkultur scheint es ein großes Entwicklungspotenzial innerhalb der Polizei zu geben. Dicht dahinter folgt mit ~ 56 % der Wunsch, in beruflichen Angelegenheiten die Unterstützung der Führungskraft zu erhalten. Ein Wunsch und Auftrag zugleich an die verantwortlichen Führungskräfte in der polizeilichen Organisation, denen unstrittig eine Schlüsselfunktion in einem gemeinsamen intergenerationalen Miteinander zukommt. Auch die Werte „Respektvolle Kommunikation" (49 %) und „Zusammenhalt im Dienstbereich" (46 %) sowie „Gegenseitige Unterstützung" (42 %) werden als hoher Wert im Arbeitskontext gesehen. Insgesamt beinhaltet das Ergebnis von Teil B herausfordernde Aussagen in Richtung Führung und Organisation in der Polizei. In diesem Punkt zeigt sich deutlich, wie wichtig es zukünftig sein wird, die Ansprüche an Führung und Zusammenarbeit nicht nur als Hochglanzbroschüre in der PDV 100 Pkt. 1,5 auf dem Tisch liegen zu haben, sondern diese Erwartungen durch praktisches Erleben in den Dienststellen sichtbar und fühlbar zu machen und dieses nicht als eindimensionale Aufgabe der Führungskraft zu verstehen ist, sondern als gleichzeitige Aufgabe für Führungskräfte und Mitarbeitende.

Ziel der polizeilichen Organisation sowie aller Mitarbeitenden und Führungskräfte in der Polizei sollte es daher zukünftig sein, Räume und Dialogformate für einen Austausch der vier Generationen über gemeinsame handlungsleitende Werte zu ermöglichen. So wird das Verständnis einer wertebasierten Führung und Zusammenarbeit in den Dienststellen praktisch umgesetzt und damit auch im Polizeialltag „erlebbar".

Dabei ist es wichtig, zu verstehen, wie die vier Generationen unterschiedliche Werte im Kontext der polizeilichen Aufgabe interpretieren. Daraus folgt, dass der Diskurs um die handlungsleitenden Werte in einem gemeinsamen Aushandlungsprozess verortet werden muss, der initiiert und begleitet wird. Hier stehen vor allem die Führungskräfte in der Verantwortung, die in generationenübergreifenden Dialogformaten mit ihren Mitarbeitenden Möglichkeiten und Grenzen diskutieren können. Hieraus kann anschließend ganz individuell und dienststellenspezifisch ein verbindlicher Rahmen des Miteinanders in der eigenen Dienststelle entwickelt werden.

Im Ergebnis zeigt sich, dass ein generationenübergreifend gestalteter polizeilicher Wertediskurs (PWD) das Fundament einer wertebasierten Führung und Zusammenarbeit in der Polizei darstellt. Er ist eine Frage der eigenen Haltung, aber auch ein Prozess, der andauert und nachhaltig in die jeweilige polizeiliche Dienststellenkultur integriert sowie verstetigt werden muss.[2] Dabei erfordert eine wertebasierte Führung und Zusammenarbeit im intergenerationalen Kontext einen stetigen Reflexionsprozess über die eigene Organisationskultur des Miteinanders. Eine an handlungsleitenden Werten orientierte polizeiliche Kultur kann somit den Grundstein für ein gelungenes Miteinander aller Generationen in der Polizei legen.

---

[2] Köppe (2024) S. 96.

Literatur

Albert, M., Quentzel, G., & de Moll, F. (2024). *Jugend 2024 – Pragmatisch zwischen Verdrossenheit und gelebter Vielfalt; 19. Shellstudie.* Beltz.

Bierbaum, T., & Wiese, B. (2021). *Übergang zwischen Schule und Studium. Studie zum Verlauf von Berufs- bzw. Studienwahlprozessen im Schulkontext.* Berliner Wissenschaftsverlag.

Bolte, K.-M. (1971). Wissenschaft und Praxis – Möglichkeiten ihres Verhältnisses zueinander. In *Mitteilungen aus der Arbeitsmarkt- und Berufsforschung* (Bd. 4, S. 364). Kohlhammer.

Brown, D., Brooks, L., & Klostermann, M. (1994). *Karriere-Entwicklung.* Klett.

Bundesagentur für Arbeit. (o.J./o.S.). *Berufscode nach John Holland.* hollande_ba182635.pdf. Zugegriffen am 12.12.2024.

DGFP. (2014). *Retentionmanagement für die Praxis. Erfolgsentscheidende Mitarbeiter finden und binden.* Bertelsmann. E-Book. L-G-0002367952-0004513577.pdf. Zugegriffen am 12.02.2025

Einrahmhof-Florian, H. (2022). *Fit für die jungen Generationen am Arbeitsplatz. Wie ticken sie und was macht sie aus?* Springer.

Hays, A. G. (2023). *HR-REPORT 2023. MITARBEITER-BINDUNG.* https://www.hays.de/documents/10192/118775/hays-hr-report-2023-de.pdf. Zugegriffen am 16.01.2025.

S. Köppe, B. Wiese, *Die Generationen und ihre Wertehaltungen in der Polizei*, https://doi.org/10.1007/978-3-658-49634-0

Holland, J. L. (1997). *Making vocational choices. A theory of vocational personalities and work enviroment.*

Holland, J. L., & Waxmann, S. (1996). Exploring careers with a typology. What we have learned and some new directions. *American Psychologist, 51*(4), 397–406.

Hurrelmann, K., & Albrecht, E. (2020). *Generation Greta: Was sie denkt, wie sie fühlt und warum das Klima erst der Anfang ist.* Beltz.

Hurrelmann, K., & Quenzel, G. (2022). *Lebensphase Jugend – Eine Einführung in die sozialwissenschaftliche Jugendforschung* (14. Aufl.). Beltz.

Kanning, U-P. (2017). *Personalmarketing, Employer Branding und Mitarbeiterbindung. Forschungsbefunde und Praxistipps aus der Personalpsychologie.* Springer Verlag.

Klaffke, M. (Hrsg.). (2022). *Generationenmanagement. Konzepte. Instrumente. Good-Practice-Ansätze* (3. Aufl.). Springer.

Klaiber, S. (2015). *Organisationales Commitment. Eine empirische Studie über Zusammenhänge zwischen lernförderlichen Aspekten der Arbeit und der Bindung von Mitarbeitenden an ihren Arbeitgeber.* Pädagogischen Hochschule Freiburg. https://phfr.bsz-bw.de/frontdoor/deliver/index/docId/580/file/2015+11+27+-+13+Klaiber+FINALE+VERSION+PDF.pdf. Zugegriffen am 16.01.2025.

Köppe, S. (2022). Die Polizei als lernende Organisation im Kontext der Generationen. In H.-J. Lange & H. Münch (Hrsg.), *DIE POLIZEI, Fachzeitschrift für die Öffentliche Sicherheit mit Beiträgen aus der deutschen Hochschule der Polizei* (Heft 2/22, S. 70–73) ISSN 0032-3519.

Köppe, S. (2023). Die Kultur- und Wertediskussion in der Polizei. In H.-J. Lange & H. Münch (Hrsg.), *DIE POLIZEI, Fachzeitschrift für die Öffentliche Sicherheit mit Beiträgen aus der deutschen Hochschule der Polizei* (Heft 9/23, S. 309–313) ISSN 0032-3519.

Köppe, S. (2023). *FÖPS Werkstattgespräch: Voraussetzungen werteorientierter Organisationsentwicklung in der Polizei.* https://www.foeps-berlin.org/neuigkeit-detail/detail/3795-voraussetzungen-werteorientierter-organisationsentwicklung. Zugegriffen am 15.07.2025.

Köppe, S. (2024). *Werteorientierte Organisationsentwicklung in Polizei und Behörden.* Springer. ISBN 978-3-658-45651-1.

Köppe, S. (2025). https://www.hwr-berlin.de/hwr-berlin/fachbereiche-und-bps/fb-5-polizei-und-sicherheitsmanagement/neuigkeit/detail/4597-wertewandel-in-behoerden-und-bei-der-polizei. Zugegriffen am 15.06.2025.

Köppe, S., & Wiese, B. (2024). Werteorientierte Führung und Organisations-entwicklung in Zeiten des Generationenwandels- Ein empirischer Blick in die polizeiliche Führungspraxis. In L. Hans-Jürgen & H. Münch (Hrsg.), *DIE POLIZEI, Fachzeitschrift für die die Öffentliche Sicherheit mit Beiträgen aus der deutschen Hochschule der Polizei* (Heft 7/2024, S. 256–261) ISSN 0032-3519.

Köppe, S., & Wiese, B. (2025). Generationenmanagement und werteorientierte Organisationsentwicklung in der Polizei. In T. Greis (Hrsg.), *Polizeiaus-bildung im 21. Jahrhundert – Quo vadis Polizeiausbildung*. Verlag für Polizei-wissenschaft.

Maas, R. (2023). *Generation Z für Personalmanagement und Führung: Ergebnisse der Generation-Thiking-Studie* (2., Akt. Aufl.). Carl-Hanser-Verlag.

Mangelsdorf, M. (2019). *Von Babyboomer bis Generation Z. Der richtige Umgang mit den unterschiedlichen Generationen im Unternehmen* (3. Aufl.). Gabal.

Schlotter, L., & Hubert, P. (2020). *Generation Z – Personalmanagement und Führung. 21 Tools für Entscheider*. Springer-Gabler.

Shell Jugendstudie (2024): Zusammenfassung. Letzter Zugriff am 10.09.2025 unter www.shell.de/ueber-uns/initiativen/shell-jugendstudie-2024.html

Wolf, G. (2018). *Mitarbeiterbindung. Strategie und Umsetzung im Unternehmen* (3. Aufl.). Haufe-Lexware GmbH & Co. KG.